essentials

essentials liefern aktuelles Wissen in konzentrierter Form. Die Essenz dessen, worauf es als „State-of-the-Art" in der gegenwärtigen Fachdiskussion oder in der Praxis ankommt. *essentials* informieren schnell, unkompliziert und verständlich

- als Einführung in ein aktuelles Thema aus Ihrem Fachgebiet
- als Einstieg in ein für Sie noch unbekanntes Themenfeld
- als Einblick, um zum Thema mitreden zu können

Die Bücher in elektronischer und gedruckter Form bringen das Expertenwissen von Springer-Fachautoren kompakt zur Darstellung. Sie sind besonders für die Nutzung als eBook auf Tablet-PCs, eBook-Readern und Smartphones geeignet. *essentials:* Wissensbausteine aus den Wirtschafts-, Sozial- und Geisteswissenschaften, aus Technik und Naturwissenschaften sowie aus Medizin, Psychologie und Gesundheitsberufen. Von renommierten Autoren aller Springer-Verlagsmarken.

Weitere Bände in dieser Reihe http://www.springer.com/series/13088

Michaela Brohm

Werte, Sinn und Tugenden als Steuerungsgrößen in Organisationen

Für Fach- und Führungskräfte

 Springer

Prof. Dr. Michaela Brohm
Universität Trier
Trier, Deutschland

ISSN 2197-6708 ISSN 2197-6716 (electronic)
essentials
ISBN 978-3-658-14938-3 ISBN 978-3-658-14939-0 (eBook)
DOI 10.1007/978-3-658-14939-0

Die Deutsche Nationalbibliothek verzeichnet diese Publikation in der Deutschen National-
bibliografie; detaillierte bibliografische Daten sind im Internet über http://dnb.d-nb.de abrufbar.

Springer
© Springer Fachmedien Wiesbaden 2017

Gedruckt auf säurefreiem und chlorfrei gebleichtem Papier

Springer ist Teil von Springer Nature
Die eingetragene Gesellschaft ist Springer Fachmedien Wiesbaden GmbH

Was Sie in diesem *essential* finden können

- Mut, Menschlichkeit und Gerechtigkeit als Tugenden integrer Führungskräfte
- Impulse für die werte- und sinnorientierte Individual- und Organisationsentwicklung
- Konzepte und Strategien effektiver, wohlbefindlicher und lukrativer Organisationen

Inhaltsverzeichnis

Einleitung 1

Leistungsstarke Organisationen wissen, dass Leistung mehr ist als Arbeit durch Zeit. Denn Leistung greift über die augenblickliche Situation hinaus und birgt die Energie, die Zukunft und den Geist einer Organisation. Die starke Form dieser Leistung ist eng mit Werten und Tugenden verbunden, welche die Organisation prägen, und daher beschreibt das alte Diktum – Leistung als Arbeit durch Zeit ($L = A/t$) – nicht mehr die Anforderungen an Organisationen, die langfristig wachsen wollen.

Zu einer Neufassung des Leistungsbegriffs fordert freilich nicht nur die Angst der Wolfsburger nach dem VW-Betrug heraus: Sieben Milliarden Menschen bevölkern derzeit die Erde. Noch vor 50 Jahren waren es drei Milliarden. Zehn Milliarden Menschen werden es zu Lebzeiten unserer Kindeskinder sein. Und all diese wollen leben, essen, trinken und viele davon konsumieren.

Schlicht kam das Bändchen des britischen Wissenschaftlers Stephen Emmott (2014), „10 Milliarden", daher und schwang sich doch innerhalb eines Jahres zum internationalen Bestseller auf, obwohl es doch nur Daten und Fakten zur Menschheitsentwicklung enthält. Diese jedoch haben es in sich, denn die rasant wachsende Weltbevölkerung – und das zeigt Emmott in zahlreichen Grafiken immer gleichen Verlaufs von links unten steil nach oben rechts – verhält sich gnadenlos gegen Wasser, Erde, Wald, Klima, Arten, Kosmos und den konkurrierenden Menschen selbst.

Emmott fordert ein radikales Umdenken seitens der Unternehmen. „Wir brauchen eine vollkommen neue Unternehmenskultur, um auch nur einige der Probleme, die uns immer stärker zu schaffen machen werden, zumindest geringfügig zu entschärfen" (Emmott 2014, S. 187). Und er zitiert den renommierten Ökonomen Pavan Sukhdey, ehemaliger Abteilungsleiter „Globale Märkte" der Deutschen Bank:

© Springer Fachmedien Wiesbaden 2017
M. Brohm, *Werte, Sinn und Tugenden als Steuerungsgrößen in Organisationen*, essentials, DOI 10.1007/978-3-658-14939-0_1

> Die Spielregeln, nach denen wir wirtschaften, müssen dringend geändert werden. Es darf nicht länger darum gehen, wer am besten darin ist, Regierungen zu beeinflussen, Steuern zu sparen und Subventionen für fragwürdige Geschäftsmodelle einzustreichen, um so den Profit einer einzigen Gruppe von Stakeholdern zu maximieren, nämlich den der Aktionäre. In Zukunft sollten die Unternehmen darum wetteifern, innovativer zu sein als die Konkurrenz, schonender mit Ressourcen umzugehen und den Ansprüchen ganz unterschiedlicher gesellschaftlicher Gruppen gerecht zu werden (Sukhdev, zit. n. Emmott 2014, S. 187).

Letzteres bedeutet nicht weniger als einen radikalen Werte-, Tugend- und Sinnwandel.

Oder anschlussfähiger an unsere Arbeitskontexte: distanzlose, grenzüberschreitende Mails von Auszubildenden, Studierenden, Mitarbeiter(inne)n oder Kolleg(inn)en, welche von der enthemmenden, entpersonalisierenden Wirkung online gestützter Kommunikation zeugen; tugendlose Führungskräfte, die Abteilungen oder ganze Unternehmen als Pseudo-Eliten mit Lug und Trug überziehen, Vertrauen zersetzen, Motivation vernichten und Existenzen gefährden; ob Gammelfleisch, toxisch wirkende Babynahrung, Mogelpackung oder gestohlene Inhalte in Doktorarbeiten, ob „bereinigte" Daten oder gekauftes Sommermärchen. Alle hätten Angst, meinte der Hotelportier kürzlich, als ich ihn auf die aktuelle Situation in Wolfsburg ansprach. Alle haben Angst. Ein zentrales Thema auch am Rande der am nächsten Tag beginnenden Konferenz. Ob Wachdienst in der Stadthalle oder städtischer Vertreter, ob Lehrperson oder Tankwart: Angst haben sie vor sinkenden Steuereinnahmen, vor Haushaltssperren und Arbeitslosigkeit, vor der Versteppung der Region; Angst davor, dass die Konsequenzen des VW-Betrugs direkt durchschlagen auf das Bundesland, die Sozialleistungen, Kulturleistungen, Bildungseinrichtungen, die Abwanderungsrate aus der Region, die Arbeitnehmer/innen, ihre Partner/innen und Kinder. Die ethische Haltung von Organisationen bestimmt das Leben der Mitarbeiter/innen und jenes ihrer Familien, der Abteilungen, Gemeinden, Landstriche, Nationalstaaten und schließlich der Weltgemeinschaft.

Fehlende Werte, fehlende Tugenden, fehlender Sinn führen aus organisationaler Perspektive bestenfalls in eine Kultur der passiven Ja-Sager mit klassischem „talking-action-gap". Keinesfalls produziert man damit eine Kultur aktiver, motivierter, wohlbefindlicher Mitgestalter, die gemeinsam mit ihrer Organisation etwas Bleibendes schaffen wollen.

Oder brechen wir die Sache noch eine Stufe herunter: Eine kleine Lüge hier und da, autoritäres Gehabe unintegrer Führungskräfte, Angst induzierende Maßnahmen von konturlosen Hintermännern in großflächigen Abteilungsleiterbüros ersonnen und ohne Begründung an die Mitarbeiter/innen kommuniziert: Was macht das schon? Es macht alles! Es provoziert auf der Mitarbeiterseite genau die gleiche Lieblosigkeit, Lustlosigkeit, genau den gleichen Lug und Trug, schlimmstenfalls festgemauert in der Erde einer Kultur der angstbesetzten Fehlervermeidung – von beiläufigen Lügen durchzogen, um dem Anpfiff zu entgehen. Angst essen Seele auf. Seele ist aber der Kernbestandteil schaffender, innovativer, leistungsstarker Prozesse.

Dieser Band geht davon aus, dass Menschen aufrichtig miteinander umgehen wollen und alle in einer Organisation Arbeitenden, insbesondere aber auch die jungen Mitarbeiterinnen und Mitarbeiter, einen klaren, werteorientierten Rahmen brauchen, um sich in der Organisation orientieren, ihre Handlungen und ihre Kommunikation entsprechend ausrichten und ihr Wohlbefinden erhalten zu können. Gerade junge Mitarbeiter/innen scheinen oft den Reibungswiderstand ihrer Führungskräfte herauszufordern: Sie scheinen sich nach klaren Orientierungspunkten bezüglich ihrer eigenen Arbeit zu sehnen, brauchen einen Rahmen, ein klares Wertegerüst (Brohm 2009, 2016). Und dies zu bieten ist eine zentrale Führungsaufgabe! Führungskräfte erfüllen sie, indem sie sich ihrer eigenen Werte vollkommen bewusst sind, diese in gelebten Tugenden zum Ausdruck bringen und gegen Angriffe verteidigen. So sollte die humanistischen Werten verpflichtete Führungskraft jeden Mitarbeiter/jede Mitarbeiterin auf abwertende, irritierende Kommunikation hinweisen und klare Erwartungen und Grenzen aufzeigen: Bis hierher – und keinen Schritt weiter!

Angesichts der Wertediskussion um die weltweiten Fluchtbewegungen, angesichts der Diskussionen um die Verteidigung „westlicher Werte" und auch angesichts der Befunde der Positiven Psychologie zum Wohlergehen von Menschen tritt dieser Band für die genuin humanistischen Werte, Tugenden und Sinndimensionen ein. Organisationen sollten ihren humanistischen Beitrag zum Gesamtwohl leisten. Denn es geht um das Wohlergehen der wachsenden Weltbevölkerung, es geht darum, die anstehenden Herausforderungen mit einer philanthropischen Grundhaltung gemeinsam zu meistern: unter ehrlichem, verantwortlichem, mitfühlendem, gerechtem, menschenfreundlichem Vorzeichen. Verankert in der Jahrtausende alten humanistischen Tradition Europas.

Und es geht angesichts aller Abwertungsversuche der letzten Zeit auch darum, aufrecht, stolz und in selbst gewählter Freiheit dazu zu stehen, ein Gutmensch zu sein. Mit der Liebe zu allem Menschlichen. *So wird Leistung zu einem humanistischen Paradigma: Leistung ist Arbeit mal Wohlbefinden durch Zeit:* $L = (A \times W)/t$.

Der griechische König Midas bekam die Chance, sich vom Gotte Dionysos einen Wunsch erfüllen zu lassen, und wählte, dass alles, was er berühre, zu Gold werden solle. Das ward ihm gewährt und grüne Zweige, Türpfosten, Steine,

Obst und Ähren wurden bei seiner Berührung zu Gold. Gold durchrauschte ihn. Auch seine mit der Hand gestreifte Stirn, sein Wasser, Wein und Brot verwandelten sich. Hätte Dionysos nicht Erbarmen walten lassen, wäre Midas verhungert. Befreit von seiner Habgier, rannte er freudig durch Fluren und Wälder. Alles fließt. Alles fließt. Panta rhei.

Steuerungsgrößen und Kennzahlen

2

Steuerungsgrößen von Organisationen beziehen sich in der Regel auf messbare Kennzahlen. Werte, Tugenden und Sinndimensionen steuern darüber hinaus als Kern die Organisationskultur. Da diese das Handeln der Mitarbeiter/innen durchdringt, beeinflusst sie alle Organisationsprozesse und kristallisiert sich somit als Makro-Steuerungsgröße heraus.

2.1 Steuerung von Organisationen

Die Steuerung von Organisationen ist *die* zentrale Managementaufgabe. Häufig verläuft sie anhand von fünf Phasen, die zyklisch angelegt sind (vgl. Abb. 2.1):

- Strategische Planung: Zunächst wird die Strategie anhand von Mission, Vision, Leitbild und Zielen entwickelt (Doppler und Lauterburg 2002).
- Operative Planung: Die operativen Schritte ergeben sich aus den Maßgaben der strategischen Planung. Zeitliche Fristen, Verantwortlichkeiten, Finanzbedarfe, Umsatzverläufe u. a. werden festgelegt.
- Steuerungsgrößen: Diese werden zeitlich überlappend mit der operativen Planung definiert und sind häufig die in Kennzahlen heruntergebrochenen Ziele aus dem o. g. ersten Schritt.
- Controlling: Kennzahlen offenbaren im Folgezeitraum durch den jeweiligen Ist-Soll-Vergleich den aktuellen Stand der Zielerreichung.
- Nachsteuerung: Diese Form des Controllings ermöglicht zügiges Nachsteuern (z. B. Unterstützungsmaßnahmen oder Nachjustierung des Ziels) bei eventuellen Abweichungen von der Zielgeraden.

© Springer Fachmedien Wiesbaden 2017
M. Brohm, *Werte, Sinn und Tugenden als Steuerungsgrößen in Organisationen*, essentials, DOI 10.1007/978-3-658-14939-0_2

Abb. 2.1 Steuerung von Organisationen

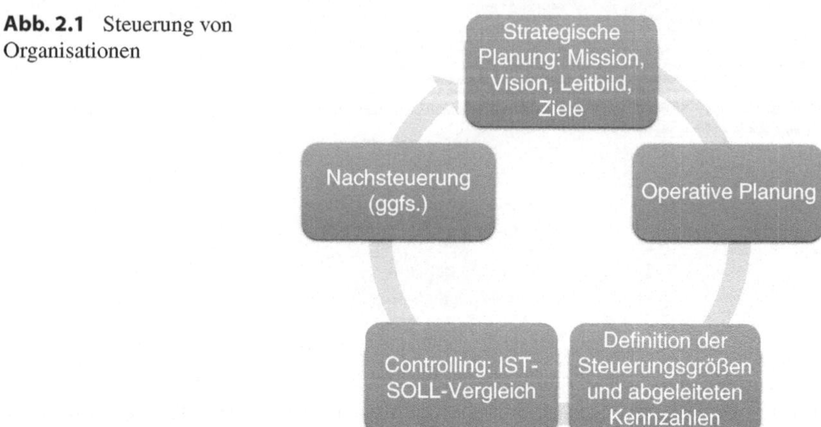

Als klassische Steuerungsgrößen von Unternehmen gelten die mit klaren Kennzahlen belegbaren Größen: Umsatz, Gewinn, Kosten und Break-even-Point, wobei die Personalausgaben häufig als wichtigste Stellgröße gelten. In nichtkommerziellen Organisationen finden wir je nach Organisationsziel auch andersartige Steuerungsgrößen (Brohm 2016); in Schulen, Hochschulen und Weiterbildungseinrichtungen z. B. die durchgeführten Unterrichtsstunden, Teilnehmerzahl, Lernergebnisse, Anzahl der Schulanmeldungen oder der Immatrikulationen, Einnahmen pro Teilnehmer aus öffentlichen Zuschüssen, Gebühren oder eingeworbene Mittel.

In kommerziellen wie auch nichtkommerziellen Organisationen können die vorgegebenen Steuerungsgrößen als vom Output her gedachter, antizipierender Input – als Zieldimension – interpretiert werden. Die Steuerung selbst erfolgt dann über Eingriffe in den organisationalen Input (gegebene Mittel wie Personal, Arbeitsmittel, Curricula u. a.), den Prozess (Arbeitsmethodik, Zeiten, Didaktik u. a.) oder den Output (Warenstückzahl, Studienabschlüsse, Lerneffekte u. a.) der Organisation. Wie wir noch sehen werden, erhöht sich die Produktivität einer Organisation aber nicht nur schlicht durch die Erhöhung finanzieller oder personeller Inputs, sondern durch Schlüsselfaktoren, die im immateriellen Bereich liegen – also immaterielle Stellgrößen.

2.2 Organisationskultur: Achillessehne der Organisation

Organisationen ergänzen die oben genannten „hard facts" daher zunehmend durch eine neue Steuerungsdimension, die weniger leicht kontrollierbar scheint – in der Balanced Scorecard etwa durch Faktoren wie Mitarbeiterzufriedenheit, Motivation und Lernentwicklung ausgewiesen. Steuernd wirken somit Elemente der Organisationskultur.

Unternehmenskultur – hier synonym zur Organisationskultur verstanden – meint die „Grundgesamtheit gemeinsamer Werte, Normen und Einstellungen, welche die Entscheidungen, die Handlungen und das Verhalten der Organisationsmitglieder prägen" (Lies o. J.). Die Unternehmenskultur bildet somit den „handlungsprägenden Rahmen" (ebd.).

Erhellend analysiert der Mitbegründer der Organisationspsychologie, der US-amerikanische Psychologe Ed Schein, langjähriger Professor am MIT (zum Folgenden vgl. Schein 2010, o. S.), die kulturinduzierenden Prozesse. Organisationen, so Schein, entwickeln mächtige Kulturen, „die das Denken und das Verhalten aller Mitarbeiter bestimmen". Dennoch werde „über Organisationskultur gesprochen, als handele es sich um ein beliebiges Managementtool" (Schein 2010, Kap. I.1).

Dabei ist die Organisationskultur äußerst wichtig, da die „starken, latenten und oft unbewussten kulturellen Kräfte" individuell wie kollektiv Verhalten, Denkmuster und Werte sowie Strategien, Ziele und Funktionsweisen bestimmen. „Die Werte und Denkmuster von Unternehmensleitern und Führungskräften sind auch durch den kulturellen Hintergrund und die gemeinsamen Erfahrungen determiniert" (Schein 2010, Kap. I.1). Zudem wiegen Entscheidungen im Kontext der Kultur folgenschwer; man muss sie demnach sehr ernst nehmen. Schein tituliert sie gar als „Achillessehne des Unternehmens" (ebd.).

Wie diese Sehne reißt, zeigt das Beispiel des Computerspielentwicklers Atari: Ein neues Management wollte das als chaotisch empfundene Unternehmen geradliniger strukturieren und die Motivation der Mitarbeiter/innen durch Incentives und „Ingenieur des Monats"-Titel stärken. Allerdings war die Arbeitskultur bis dahin geprägt von einer floworientierten, leicht chaotischen, in gegenseitiger Unterstützung angelegten Gemeinschaftsarbeit. In der nun durch das neue Management provozierten konkurrenzhaften Atmosphäre sank die Arbeitsfreude, es wurden weniger Ideen generiert und einige Mitarbeiter kündigten (Schein 2010, Kap. I.1). Struktur zu schaffen hieß hier, das kreative Chaos und die damit einhergehenden Werte zu zerstören.

2.3 Werte, Menschenbild und Steuerung

Die Organisationskultur enthält das gemeinsame Denken, Empfinden und Wahrnehmen – das angesammelte Wissen einer Gruppe. Kultur ist somit „die Summe aller gemeinsamen, selbstverständlichen Annahmen, die eine Gruppe in ihrer Geschichte erlernt hat" und lässt sich als „gemeinsames mentales Modell" verstehen (Schein 2010, Kap. I.3). Kulturen finden sich auf allen Stufen der Hierarchie und verlaufen über drei Ebenen (vgl. Abb. 2.2) – von den sichtbaren „bis zu den unausgesprochenen und unsichtbaren" (ebd., Kap. I.2).

1. Artefakte

Artefakte können wir hier im Sinne der Archäologie als einen durch menschliches Handeln erzeugten Gegenstand bzw. als Verhaltensmuster einer Spur menschlichen Handelns oder menschlicher Entwicklung verstehen. Es sei eine Ebene, die man „sehen, hören und spüren kann". Beobachtungen und emotionale Reaktionen auf die „Architektur, die Ausstattung und die Atmosphäre, das heißt das Verhalten der Mitarbeiter" (Schein, Kap. I.2) eines Unternehmens – untereinander und gegenüber Außenstehenden sind hier bezeichnend.

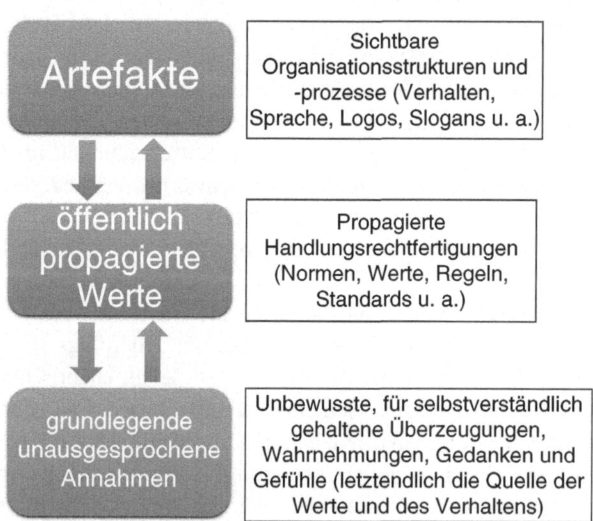

Abb. 2.2 Ebenen der Unternehmenskultur. (In Anlehnung an Schein 2010, Kap. I.2)

Die Dichte und hektische Atmosphäre in der einen Organisation steht beispielsweise fast gemächlichem Arbeiten in einer anderen gegenüber. Deutliche Hinweise auf die Organisationskultur geben auch Artefakte wie Symbole, Logos, Gestaltung der Gebäude, Räume, Dokumente und Produkte, Kleidungsstil, Rituale, Werbung, Feste, Sprache, Mythen, Geschichten, Umgangsformen, Slogans.

Gerade Slogans können als ein Artefakt der Organisation gelten, das deren Tiefenstruktur mit ihren Werten, ihrem Welt- und Menschenbild deutlich macht.

So lässt der Slogan der Drogeriemarktkette dm „Hier bin ich Mensch, hier kauf ich ein" auf eine humanistische Organisationskultur schließen, besonders, wenn man ihn mit dem aktuellen Slogan des einstigen Hauptkonkurrenten Schlecker vergleicht: „For You. Vor Ort". Rossmanns schlichtes „Mein Drogeriemarkt" verweist da eher auf robuste Bodenhaftung. Auch aus anderen Slogans wird deutlich, wie die Unternehmen ticken: Bang & Olufsen ist „Alles andere als gewöhnlich", Toyota verspricht „Nichts ist unmöglich", Apple schwört auf „Think different" und Hornbach aktiviert durch „Es gibt immer was zu tun" oder „Es ist in dir. Lass es raus". Call a Pizza gar: „Kommt schnell, kommt gut" – nicht ganz die „feine englische Art" (After Eight). Stellen wir uns nun noch kurz vor, dass ein Mitarbeiter von einem dieser Unternehmen zu einem anderen wechselt, beispielsweise von „Es ist in dir. Lass es raus" zur „feinen englische Art" – wir könnten sicher einen veritablen Kulturschock beobachten.

2. Öffentlich propagierte Werte

Normen, Werte und Standards, Regeln, Führungsgrundsätze und Tabus finden sich auf der zweiten Ebene der Unternehmenskultur. Der Axel Springer-Verlag propagiert in seinen Führungsgrundsätzen beispielsweise die Bereiche Kreativität, Unternehmertum und Integrität:

- „Wir schaffen Freiräume für neue Denkansätze (…). Wir erkennen kreative Leistung auch dann als Wert an, wenn sie nicht unmittelbar verwertbar ist. (…)
- Wir treffen Entscheidungen und vertreten sie entschlossen. Wir erkennen Chancen, bewerten die damit verbundenen Risiken gewissenhaft und sind bereit, auch Fehlschläge in Kauf zu nehmen. Wir kennen unsere Kunden, den Markt und stehen an der Spitze aktueller Entwicklungen – so führen wir unser Unternehmen zum Erfolg. (…)

- Bei all unserem Handeln achten wir auf die konsequente Einhaltung von Recht und Gesetz sowie unserer Unternehmensrichtlinien. (…) Wir sind zutiefst davon überzeugt, dass Erfolg nur in einem Umfeld der Rechtstreue und Einhaltung ethischer Standards gewährleistet werden kann" (Verlag Axel Springer o. J.).

Das Unternehmensleitbild des Süddeutschen Verlags (Süddeutsche Zeitung) wird konkret:

- „Kapital und Management sind getrennt.
- Der Süddeutsche Verlag (…) sieht es als seine Aufgabe an, zur Information und freien Meinungsbildung des einzelnen beizutragen und eine liberale und tolerante Grundhaltung zu fördern.
- Ziel des verlegerischen Engagements ist es, einen wesentlichen Beitrag zu leisten für das Leben, das Arbeiten und die Selbstbestimmung des einzelnen in einer sozial verpflichteten, freiheitlich-demokratischen und marktwirtschaftlichen Gesellschaft. (…)
- Die Produkte des Süddeutschen Verlages sollen sich durch hervorragende publizistische, gestalterische und technische Qualität und somit überdurchschnittlichen Kundennutzen auszeichnen" (Süddeutscher Verlag o. J.).

Spannend ist hier, dass der Süddeutsche Verlag die Werte definiert (sozial verpflichtet, freiheitlich-demokratisch, marktwirtschaftlich, freie Meinungsbildung, liberal, tolerant) und diese auch gleich zum Unternehmenssinn macht: Er will diese Grundhaltungen „fördern" und einen „Beitrag" zur freien Bürgergesellschaft leisten. So reicht der Sinn über die eigene Organisation hinaus.

3. In der tiefsten Schicht der Organisationskultur, den unausgesprochenen gemeinsamen Annahmen, schlägt das Herz der Organisation. Welches Weltbild haben die Organisationsmitglieder? Was denken sie über die Natur und das Wesen des Menschen? Ist der Mensch des Menschen Wolf (Thomas Hobbes) oder kann er, der Mensch, nicht gut genug über den Menschen denken (Immanuel Kant)? Kann er sich ändern oder nicht? Ist er tendenziell faul und arbeitet nur unter Kontrolle und bei entsprechenden Anreizen? Oder sind Menschen im Grunde motiviert, wollen arbeiten, sich entwickeln, brauchen Freiheit, die richtigen Mittel und Entwicklungsmöglichkeiten?

Annahmen dieser Art bestimmen die Strategien der Organisationsführung, denn

wer den Mitarbeitern nicht vertraut, installiert Stechuhren und Kontrollen und macht auf andere Weise sein Misstrauen deutlich. Darauf reagieren die Mitarbeiter dann mit Passivität, was wiederum die ursprüngliche Annahme des Managers bestätigt. Das System von Befehl und Kontrolle, wie wir das heute nennen, hat seine Wurzeln überwiegend in diesem grundsätzlichen Misstrauen. (…) Dagegen waren Manager, die davon ausgingen, die Mitarbeiter seien in der Lage und willens, die eigenen Ziele mit denen des Unternehmens zu verbinden, stärker bereit zu delegieren, als Lehrer und Coach zu fungieren und die Mitarbeiter bei der Entwicklung von selbst überwachten Anreizen und Kontrollen zu unterstützen (Schein 2010, Kap. I.3).

Ob Mission, Vision oder Leitbild, ob operative Planung, Controlling oder Nachsteuerung: Letztendlich wird die gesamte Steuerung (Abb. 2.1) durch diese tief liegenden Annahmen beeinflusst.

Alles in allem können wir also konstatieren, dass die zentrale, immaterielle Steuerungsgröße in Organisationen die ihr zugrunde liegenden Werte sind, welche sich in den Annahmen über das Menschsein spiegeln. Diese beiden Faktoren prägen die Organisationskultur und damit alle Ebenen des organisationalen Handelns, Empfindens und Seins; des Wohlbefindens und der Produktivität. Die Organisationskultur stellt sich somit als die Makro-Steuerungsgröße von Organisationen heraus (Abb. 2.3).

Werte und das damit einhergehende Menschenbild suchen in den gelebten Tugenden und dem Sinnerleben ihren Ausdruck. Meister der Führung steuern primär über diese Ebenen. Wir werden sehen, wie das gelingt.

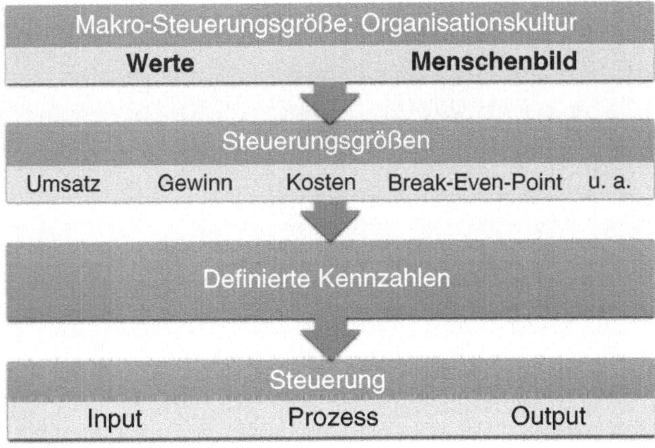

Abb. 2.3 Makro-Steuerungsgröße

Positive Organisationen 3

Die Konzentration auf Werte, Tugenden und Sinnerleben generiert eine menschengerechte Unternehmenskultur und ist damit Element der positiven Organisationsentwicklung. Diese wird in der Positive Organizational Scholarship (POS) empirisch mit dem Ziel beforscht, gesicherte Erkenntnisse über die Verbesserung menschlicher Wachstumsbedingungen auf individueller und organisationaler Ebene zu gewinnen. Es geht dabei um die Befriedigung grundlegender Bedürfnisse und das damit verbundene Wohlbefinden.

3.1 Befriedigung menschlicher Bedürfnisse

Bedürfnisse drängen um ihrer selbst willen auf Befriedigung und setzen dadurch starke intrinsische und extrinsische Motivation frei, und zwar umso mehr, je stärker es sich um wirklich genuin menschliche Bedürfnisse handelt. Prominent und mit geringen Abstrichen bis heute noch immer gültig ist die Hierarchie der Bedürfnisse nach Abraham Maslow (1954/2014).

Maslow strukturierte die Grundbedürfnisse des Menschen hierarchisch und ordnete sie anhand von nach und nach aufstrebend anvisierten Befriedigungsstufen (Abb. 3.1):

1. „Physiologische Bedürfnisse" umschließen die Bedürfnisse nach Nahrung, Wasser, Sauerstoff, Schlaf, Sexualität und körperlichem Wohlbefinden als Antwort auf die Defizite Hunger, Durst, Müdigkeit, Unbefriedigtheit u. a. (Maslow 1954/2014, S. 62 ff.).
2. Die Stufe „Sicherheit" meint das Bedürfnis nach Sicherheit, also Stabilität, Geborgenheit, Schutz, Angstfreiheit, sowie Struktur, Ordnung, Gesetz,

© Springer Fachmedien Wiesbaden 2017
M. Brohm, *Werte, Sinn und Tugenden als Steuerungsgrößen in Organisationen,* essentials, DOI 10.1007/978-3-658-14939-0_3

Abb. 3.1 Bedürfnispyramide nach Maslow

Grenzen u. a. oft als Schutz vor Angst und als Antwort auf das Defizit Schutz-losigkeit (ebd., S. 66 ff.).

3. „Zugehörigkeit und Liebe" entspricht den Bedürfnissen nach Liebe, Zunei-gung und Zugehörigkeit, dem Hunger nach „liebevollen Beziehungen mit den Menschen im allgemeinen", also „nach einem Platz in der Gruppe oder Fami-lie" (ebd., S. 70) als Antwort auf die Defizite „Einsamkeit, Ächtung, Zurück-weisung, Isolierung, Entwurzelung" (ebd., S. 71).

4. Die Stufe „Achtung" meint das Bedürfnis nach hoher Wertschätzung für die eigene Person, nach Selbstachtung und Achtung durch andere, gekoppelt an Bedürfnisse nach Stärke, Leistung, Bewältigung, Kompetenz, Unabhängigkeit oder auch gutem Ruf, Prestige als Respekt oder Hochachtung anderer, Aner-kennung, Dominanz, Würde, Wertschätzung u. a. (ebd., S. 72) als Antwort auf die Defizitgefühle Minderwertigkeit, Schwäche, Hilflosigkeit u. a.

5. „Selbstverwirklichung" schließlich meint das Bedürfnis, das eigene Potenzial auszuschöpfen. Es geht dabei um den Versuch, die „volle Anwendung und Nutzung der Talente, Kapazitäten und Fähigkeiten" zu leben (ebd., S. 187).

Ob wir die Bedürfnispyramide nach Maslow oder auch andere prominente Bedürfnismodelle (Deci und Ryan 1993) zugrunde legen: Gehaltszahlung, Cafeteria, Kaffeeautomat, ausgeschilderte Rettungswege, Feuerlöscher oder Notfallsirenen können wir freilich als explizite Maßnahmen zur Befriedigung physiologischer und sicherheitsbezogener Bedürfnisse interpretieren. Aber wo in unseren Organisationen finden sich explizite Maßnahmen zur Befriedigung der Sehnsucht nach Zugehörigkeit und Liebe, Achtung als Selbstachtung und

Fremdachtung, sozialer Eingebundenheit und Selbstverwirklichung? Unsere Organisationen sind in der Regel nicht auf diese Bedürfnisse der Mitarbeiter/innen ausgerichtet – zumindest nicht primär. Und man könnte gar zu dem Schluss kommen, dass unsere Organisationen darüber hinaus auch nicht auf die Bedürfnisse unserer Kunden, Klienten, Gäste, Studierenden, Schüler/innen oder von wem auch immer ausgerichtet sind.

Häufig liegt der primäre Sinn unserer Organisationen darin, organisationale Prosperität zu garantieren. Es geht um finanzielle Ressourcen und deren Steigerung, um Marktanteile, Leistung, Konkurrenz, Verdrängung und wirtschaftliches Wachstum. Es geht um sekundäre Bedürfnisbefriedigung, die stellvertretend die Bedürfnisse erster Ordnung ersetzen soll. Finanzieller Reichtum schafft nur in relativ geringem Maße Wohlergehen. Zugehörigkeit, Liebe, Achtung und Selbstverwirklichung jedoch tragen direkt zum Wohlbefinden bei – ja, man könnte hier zum aristotelischen, pathetisch aufgeladenen Begriff der Glückseligkeit greifen. Im Sinne von Aristoteles könnten wir bei allen anderen Gütern auch von sekundären Gütern sprechen. Glückseligkeit – das seelische Glück *(eudaimonía)* galt Aristoteles als höchstes Gut, denn sie steht für sich selbst, wird um ihrer selbst willen erstrebt und ist nicht reines Mittel zum Zweck – wie dies bei den sekundären Gütern der Fall ist. Sekundär sind die äußeren Güter wie Reichtum, Herkunft, Ehre, Schönheit u. a.

Wie aber können wir der sachzentrierten Dehumanisierung der Arbeitskontexte entgegenwirken und den Bedürfnissen unserer Mitarbeiter/innen, Kunden, Schüler/innen, Studierenden entgegenkommen? Klare Antwort: durch eine *eindeutige, unverrückbare und menschengerechte Werteorientierung der Führungskraft.*

Humanistische Führungskräfte wissen oder spüren,

- dass der Mensch einen gerechten Lohn braucht, um leben zu können (physiologische Bedürfnisse),
- dass er sichere Arbeitsverhältnisse braucht, um sich und seine Lebensplanung entwickeln zu können (Sicherheitsbedürfnis),
- dass er sich zugehörig und angenommen (Zugehörigkeit und Liebe) fühlen,
- respektiert, wertgeschätzt, gelobt (Achtung) und
- hinsichtlich seiner Entwicklung unterstützt werden will (Selbstverwirklichung).

Sie vermeiden, was gegenteilige Effekte generieren würde, und setzen sich für menschliche Belange ein. Damit sind wir auf dem Weg zu einer positiven Organisation.

3.2 Positive Organisationsentwicklung

Positive Organisationsentwicklung ist nicht wertneutral. Die ihr zugrunde liegende Forschungsrichtung, die Positive Organisational Scholarship (POS), vertritt vielmehr die Position, dass das Verlangen, die menschlichen Bedingungen zu verbessern, universell und die Kapazitäten, entsprechend zu agieren, in den meisten Systemen latent vorhanden ist (Cameron 2013). Neu an der POS ist, dass ihre Forschung das Wohlbefinden der Organisation und ihrer Mitarbeiter/innen in den Mittelpunkt stellt und dazu auf vier Konnotationen (i. S. gedanklicher Begleitvorstellungen) rekurriert (Abb. 3.2):

1. *Adopting a positive lens:* Durch einen positiven Fokus zu schauen bedeutet, dass Missgeschicke, Härten und Schwierigkeiten im Bereich der POS genauso beheimatet sind wie Freude und Erfolg, aber eine positive Linse fokussiert ihre Aufmerksamkeit auf die lebensspendenden Elemente und die produktiven, generativen Prozesse, welche mit diesen Phänomenen verbunden sind. Herausforderungen und Hindernisse werden als Gelegenheiten oder Möglichkeiten, als Stärken bildende Erfahrungen reinterpretiert und weit weniger als Tragödien oder Probleme betrachtet (Cameron und McNaughtan 2014, S. 447).
2. *Focusing on positively deviant performance:* Positiv abweichendes Verhalten zu untersuchen bedeutet, dass Outcomes erforscht werden, die in signifikanter Weise übliche oder erwartete Leistungen übertreffen, die spektakuläre und überraschende Resultate und außergewöhnliche Erfolge erzielen (ebd.)

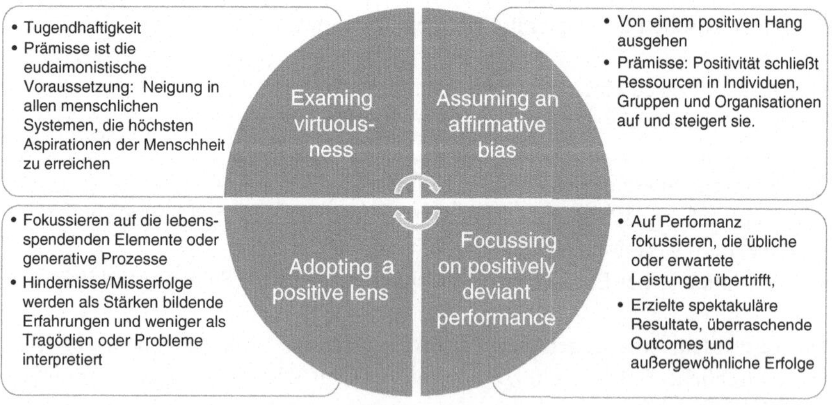

Abb. 3.2 Konnotationen der POS. (In Anlehnung an Cameron und McNaughtan 2014)

3. *Assuming an affirmative bias:* Von einer positiven Neigung auszugehen, akzeptiert die Prämisse, dass Positivität Ressourcen in Individuen, Gruppen und Organisationen aufschließt und steigert, sodass die Fähigkeiten verbreitert und die Ressourcen aufgebaut und gestärkt werden. Individuen und Organisationen erfahren einen verstärkenden Effekt, wenn der positive Wandel freigelegt wird; Ressourcen und Fähigkeiten expandieren.
4. *Examing virtuousness:* Tugendhaftigkeit oder die besten menschlichen Bedingungen zu untersuchen, impliziert eine eudämonistische Voraussetzung – und zwar das Postulat, dass eine Tendenz in allen menschlichen Systemen besteht, die höchsten Aspirationen der Menschheit zu erreichen (ebd.).

Diese vier Konnotationen trennen die POS von anderen Organisationsentwicklungsforschungen. Leider, so Cameron, ist die traditionelle Organisationsforschung und auch Organisationsentwicklung häufig noch von gegenteiligen Annahmen durchzogen, nämlich von dem Vorurteil, dass das Eigeninteresse überwiegt und weder Individuen noch Organisationen tugendhaft oder wirklich altruistisch seien. Organisationen manipulieren Incentives zu ihrem eigenen Vorteil und die Wettbewerbsdynamik akzeptiere, dass wirtschaftlicher Nutzen als der ultimative Erfolg gilt. Tugenden und Moral sind dabei nur im Dienste der Erlangung gewünschter Ergebnisse relevant, sodass Güter der „zweiten Absicht" (second intent) das Verhalten steuern. Güter der zweiten Absicht – wie Geld und Macht – sind jedoch nur wertvoll, wenn sie verwendet werden, um Güter der ersten Absicht – wie Liebe, Frieden und Wohlbefinden – zu erhalten (Cameron und McNaughtan 2014, S. 457).

Ausgehend von solch belastenden Grundannahmen werden diese Organisationen durch ein Klima geprägt, in welchem Verteilungskämpfe, Macht, Konflikte, Strukturierung und Regelstärkung zeitliche und personelle Ressourcen binden und im Arbeitsalltag die Aufmerksamkeit auf sich ziehen. Inzwischen wurden aber empirische Befunde gesichert, die zeigen, dass die positive, werteorientierte Organisationsentwicklung starke, positive Dynamiken provoziert und erhebliche Auswirkungen auf die organisationale Leistung hat:

> An increase in profitability, for example, is not the criterion for determining the value of positive change in organizations. Positive phenomena are inherently valued because they are eudaemonic. People are heliotropic in that they seek inherently for that which is life giving and nurturing. (...) Nevertheless, studies have shown that organizations in several industries (including financial services, health care, manufacturing, education, pharmaceuticals, and government) that implemented and improved their positive practices over time also increased their performance in desired outcomes such as profitability, productivity, quality, customer satisfaction, and employee retention (Cameron und McNaughtan 2014, S. 449 f.).

3.3   Effekte

Cameron aggregierte die Forschungsbefunde und fand perzeptuale (empfindungsbezogene) und aktivitätsbezogene Effekte bei den Mitarbeiter(inne)n sowie finanziell-materielle Effekte positiven Organisationswandels – und Letzteres ist besonders bedenkenswert (Brohm 2016).

- Perzeptuale Effekte: In zahlreichen Studien wurde gefunden, dass sich das Empfinden der Mitarbeiter/innen bei positivem Organisationswandel signifikant verbessert. Die Mitarbeiter/innen zeigen beispielsweise stärkeres persönliches Wachstum, schnellere Erholung nach Leid, bessere physische Gesundheit und psychologische Fokussierung, aktivieren ihre Stärken, geben höheres Wohlbefinden an, höhere individuelle und familiäre Zufriedenheit, Lernbereitschaft, Arbeitszufriedenheit, Sinnerleben und weisen alles in allem deutlich Merkmale von Verlebendigung – also mehr Energie auf.
- Dies wirkt auf ihr Verhalten: Sie entwickeln positivere Arbeitsgewohnheiten, größere Hartnäckigkeit und Anstrengungsbereitschaft, gestalten ihren Arbeitsplatz aktiv mit (Job Crafting), zeigen signifikant höheren positiven Impact, stärkere philanthropische Gesinnung, größeres Engagement und festere Bindung, höhere Energieübertragung der Führungskräfte auf die Mitarbeiter, besseren Informationsaustausch, erfolgreichere Teamperformanz, qualitativ hochwertigere Beziehungen, höhere Lernbeträge, bessere Kooperation und Kommunikation, stärkere Verantwortungsübernahme: organisationales Commitment, soziale Performanz und korporative Verantwortung.
- Finanziell/materiell ergab sich eine signifikant bessere Performanz hinsichtlich der objektiven Kriterien (Finanzen) und Perceptual Measures (z. B. Moral). So konnten die Organisationen Einsparungen erwirken: durch eine geringere Dauer von Umsatzrückgängen, höhere Profitabilität, organisationale Performanz, höhere Resistenz in Krisensituationen, schnellere organisationale Heilung, weniger Kündigungen und geringere Personalfluktuation durch hohe Mitarbeiterbindung. Zudem erzielten einige Organisationen Ertragssteigerungen durch höhere Produktivität, Kundenzufriedenheit und Kundenbindung, Innovationspotenzial, Arbeitsqualität und hohes psychologisches Kapital.

Auch hinsichtlich der Werte- und Tugendhaftigkeitsorientierung können spezifische Effekte belegt werden: Die Organisationen erwiesen sich als resilienter und befürchteten weniger schädliche Effekte. In den USA konnte das anhand der Forschungen an Fluggesellschaften nach 9/11 eindrucksvoll nachgewiesen werden, als die Flugangst zu massiven Einbrüchen im Flugverkehr führte. Langfristig blieben diejenigen Organisationen erfolgreich am Markt, die sich auf starke Grundwerte verlassen konnten.

Übereinstimmend zeigten

> Untersuchungen in 16 unterschiedlichen Industriezweigen – einschließlich Fertigung, Einzelhandel, Finanzdienstleistungen, Gesundheitsservice, Bildung, Regierung, Non-Profit – *einen signifikanten und positiven Zusammenhang zwischen der Implementation von Tugenden* (z. B. Vergebung, Mitgefühl, Optimismus, Vertrauenswürdigkeit) *und Steigerungen in der Profitabilität, Produktivität, Qualität, Innovation, Kundenzufriedenheit und Mitarbeiterbindung.* Organisationen mit hohen oder verbesserten Tugend-Werten funktionierten *signifikant besser sowohl hinsichtlich der objektiven Ziele (z. B. Finanzen) als auch der perzeptualen Messungen (z. B. Moral) ihrer Performanz* (Cameron & McNaughtan 2014, S. 450, Herv. M. B.).

Im Finanzdienstleistungsbereich zeigten Firmen, welche „die höchsten Scores an tugendhaften Praktiken aufwiesen, ebenfalls die höchsten Werte an Profitabilität, Produktivität, Engagement und Kunden- sowie Mitarbeiterbindung zwei Jahre später im Vergleich mit Firmen, die diese Tugendhaftigkeit nicht gestärkt hatten oder schlechter performierten" (ebd.).

Abgesehen davon *steigert die verlässlich gelebte Wertgrundlage in Organisationen das energetische Niveau.* Beziehungsenergie wird aus Führungsperspektive als der erhebende, erbauliche (uplifting), motivationale und vitalisierende Einfluss definiert, den Führungskräfte auf ihre Mitarbeiter/innen als Folge von Interaktionen haben (Cameron und McNaughtan 2014, S. 453 f.). „The results showed that positively energizing leaders have a significant, positive impact on individuals – including their performance, engagement, well-being, satisfaction, and even family life – as well as on the organization's performance, teamwork, innovation, and learning orientation" (ebd., S. 454).

In energetischen Netzwerken stellten sich diejenigen als die substanziell besten Mitarbeiter/innen heraus, die andere energetisierten – und zwar waren sie auch besser als jene, welche als besonders kraftvoll oder als zentral für das Netzwerk eingeschätzt wurden. Energie triumphierte über Macht und Information als Prädiktor bei den Fortschritten in der Performanz (Baker et al. 2003b). Mehr noch erwiesen sich diejenigen, die andere positiv energetisieren, als einflussreicher als die Führungskräfte (Cameron und McNaughtan 2014, S. 454).

Auch wenn die o. g. Befunde noch eingehender Validierung bedürfen und nicht jedes Setting zu gleichen Outcomes führt, kann doch festgehalten werden, dass „empirical evidence suggests that when positive factors are given greater emphases than negative factors, individuals and organizations tend to flourish"

(Cameron und McNaughtan 2014, S. 458). *Alles in allem sind Organisationen effektiver, wenn sie die positiven, also lebensspendenden, heliotropischen und generativen Prozesse und die damit einhergehenden Werte, Tugenden und Sinnbezüge stärken.*

Es geht nicht darum, ein zweites Paradigma, nämlich das des Wohlbefindens auf ethischer Grundlage neben jenes der Effektivität von Organisationen zu stellen: Effektivität ist eine Folge. Ethische Verantwortung deren Ursache. Ethische Organisationen sind effektiver, lukrativer und echter.

Werte: Was uns wichtig ist

4

Wir haben gesehen, dass Werte und das damit einhergehende Menschenbild die Organisationskultur prägen. Werte geben einen Orientierungsmaßstab für das menschliche Handeln und Urteilen – sie zeigen, was uns wertvoll ist, und bestimmen unser Menschenbild. Entscheidend ist demnach, *welche* Werte wir präferieren und von *welchem* Menschenbild wir ausgehen. Wenn wir wirklich glauben, dass der Mensch der Pfahl im Fleische des Anderen, von Natur aus träge und raffgierig, auf den eigenen Vorteil bedacht, egozentrisch und nur durch starke Anreize bei der Stange zu halten ist, wenn wir davon ausgehen, dass Menschen permanent ihren Vorteil suchen, sich nicht oder nur geringfügig mit ihrer Arbeit identifizieren und entsprechend gerne schludern oder krank feiern, wenn wir das wirklich glauben, hat das Folgen für unsere Führung und die gesamte Organisation: Diese pessimistische Anthropologie durchsetzt die Organisationskultur und zeigt entsprechende Folgen. Ein humanistisches, an positiven Werten orientiertes Menschenbild trägt hingegen zum Aufblühen von Individuum und Organisation bei.

4.1 Werte

Werte sind Grundhaltungen, die sich auf dasjenige beziehen, was uns wichtig, wesentlich, „wert-voll" ist. Im engeren, philosophischen Sinn geht es primär um ideelle Werte, Erich Fromm unterscheidet zwischen idealistischen (Freiheit, Frieden, Menschenrechte, Sicherheit u. a.) und materialistischen (Gewinnmaximierung, Besitzaneignung u. a.) Wertvorstellungen. Werte bilden einen Orientierungsmaßstab für das menschliche Handeln und Urteilen.

Für besonders wichtig und erstrebenswert halten die Deutschen: gute Freunde haben, enge Beziehungen zu anderen Menschen (85 %), für die Familie da sein,

© Springer Fachmedien Wiesbaden 2017

M. Brohm, *Werte, Sinn und Tugenden als Steuerungsgrößen in Organisationen,* essentials, DOI 10.1007/978-3-658-14939-0_4

Abb. 4.1 Zusammenhang von Werten, Tugenden und Sinnerleben

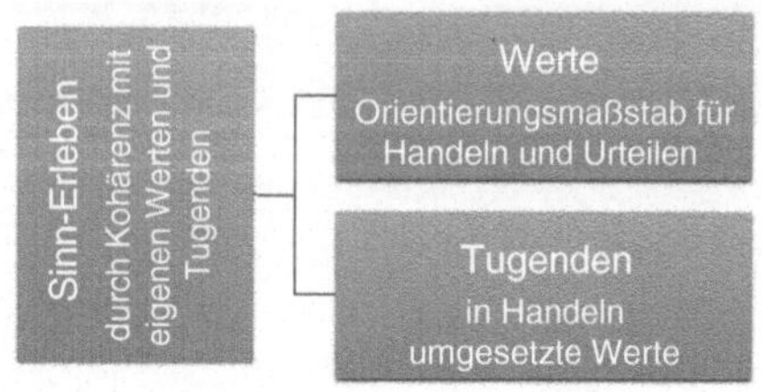

sich für die Familie einsetzen (80 %), glückliche Partnerschaft (76 %), Unabhängigkeit, sein Leben weitgehend selbst bestimmen können (67 %), soziale Gerechtigkeit (65 %), Kinder haben (60 %), gute, vielseitige Bildung (60 %), gepflegtes Aussehen (59 %), viel Spaß haben, das Leben genießen (57 %), Menschen helfen, die in Not geraten (53 %), Erfolg im Beruf (53 %), immer Neues Lernen (50 %), ein abwechslungsreiches Leben, immer neue Erfahrungen machen (41 %) (Allensbach und Statista 2015).

Humanistische Werte und ein humanistisches Menschenbild gehen Hand in Hand und bilden ein sicheres Fundament für gelebte Tugenden (Kap. 5) und starkes Sinnerleben (Kap. 6). Es geht um die Kohärenz von Werten, Tugenden und Sinnerleben (Abb. 4.1).

4.2 Pessimistische Anthropologie und ihre Folgen

Gehen wir von einer pessimistischen Anthropologie aus, so müssen die Mitarbeiter/innen kontrolliert werden, um der Organisation wirklich nützlich zu sein: Sie brauchen Zeiterfassungssysteme, Zielvereinbarungen, relativ strenge Chefs oder Chefinnen, rigide Rückmeldesysteme und Großraumbüros. Durch Incentives müssen sie permanent bei Laune gehalten werden.

Natürlich erhöhen wir ggfs. durch solcherlei Maßnahmen den Druck und setzen damit kurzfristig bessere Resultate durch, natürlich befeuern engmaschige Zielvereinbarungen kurzfristig die extrinsische Motivation. *Langfristig jedoch greift die sachfixierte und zweckoptimierende „Motivation" zu kurz* – schon allein deshalb, weil die Belohnungen ständig erhöht werden müssen, um überhaupt motivationale Wirkungen über längere Zeit zu generieren. Und schließlich auch, weil die Kontrollsysteme ressourcenintensiv sind, Zeit und Kosten verschlingen – ganz abgesehen von den akzeptierten Kollateralschäden Burn-out und Depression. Negative Menschenbilder belasten nicht nur, sie sind auch teuer.

Und selbst wenn in der Organisation keine Gewinne zu erwirtschaften sind, tragen wir gesamtgesellschaftlich immense Folgekosten negativer Anthropologie: Der Erziehungswissenschaftler Johannes Twardella hat das anhand der eingehenden Satz-für-Satz-Analyse einer Unterrichtsstunde deutlich gemacht und kommt zu dem Schluss, dass hier und in vielen anderen Unterrichtsstunden ein pädagogischer Pessimismus herrsche. Dieser sei „eine meist implizite – also nicht unbedingt bewusste und auch kaum explizit gemachte – Prämisse des Unterrichts, die besagt, dass Schüler/innen äußerst defizitäre ‚Wesen‘ sind, die in die Schule kommen, ohne viel zu wissen und zu können und ohne richtig erzogen zu sein" (Twardella 2008, S. 7). Und diese Grundannahme prägt den Unterricht in vielerlei Hinsicht: geringes Anspruchsniveau, niedrige Leistungserwartungen, geringe Selbstwirksamkeitserwartungen der Schüler – geringe Leistungen.

4.3 Optimistische Anthropologie und ihre Folgen

Auf der Suche nach stärkenden Grundannahmen für Profit- und Non-Profit-Organisationen stoßen wir auf die uralten Geheimnisse humanistischen Denkens, auf die optimistische Anthropologie der Humanisten. Zugegeben, angesichts unserer überhitzten Moderne wirkt das seltsam wie aus der Zeit gefallen. Aber von Cicero über Seneca zu Erasmus von Rotterdam, Philipp Melanchton bis hin zu Abraham Maslow, Carl Rogers und Erich Fromm prägten humanistische Gedanken geistige Schulen und Epochen in Europa durch die Jahrtausende. Und bei aller Verschiedenheit der Disziplinen und Ideen stoßen wir immer wieder auf den zentralen Gedanken des Humanismus: die Betonung des positiven Potenzials des Menschen. Menschen haben das starke Bedürfnis, ihr volles Potenzial zu entfalten, um die Ebene der Selbsterfüllung zu erreichen – das Streben nach seelisch gesunder Selbsterfüllung, welches eine „konstruktive, lenkende Kraft (ist), die jeden Menschen zu generell positiven Verhaltensweisen und einem Wachstum des Selbst hinführt" (Gerrig und Zimbardo 2008, S. 522). *Menschen werden in der humanistische Psychologie „als aktive Geschöpfe angesehen, die von Grund auf gut sind und über die Freiheit der Wahl verfügen"* (ebd., S. 12). Carl Rogers legte die „natürliche Tendenz des Individuums zu geistiger Weiterentwicklung und Gesundheit" zugrunde (ebd., S. 12).

Der andere große humanistische Psychologe, Abraham Maslow, positionierte auf der höchsten Stufe seiner Bedürfnispyramide (vgl. Abschn. 3.1) das Wachstumsbedürfnis: Es gebe, so Maslow, eine kleine Gruppe von psychisch gesunden Menschen, die nicht permanent angstmotiviert ihre Mangelbedürfnisse abarbeiten, sondern an der höchsten Stufe der Maslow-Pyramide feilen oder diese bereits erklommen haben: Sie sind auf dem Weg weit fortgeschritten, das Bestmögliche zu werden oder zu sein, dessen sie fähig sind. Sie erfüllen sich selbst – die „Besonderen" eben. Sie leben die „volle Anwendung und Nutzung der Talente, Kapazitäten und Fähigkeiten" (Maslow 1954/2014, S. 180).

Diese Selbsterfüller zeigen die „ungewöhnliche Begabung, das Unechte, Falsche und Unehrliche in einer Persönlichkeit zu bemerken" (Maslow 1954/2014, S. 183). Sie nehmen sich selbst, den Anderen und die Natur an. Eng damit verwandt ist erstens „der Mangel an Verteidigung, Schutzfärbung oder Pose und zweitens (die) Abneigung gegen solche Gekünsteltheit bei anderen. Lüge, Arglist, Heuchelei, Spiel, Rolle, Eindruckschinden: Dies alles (ist) bei den selbstverwirklichenden Menschen in einem ungewöhnlichen Grad nicht vorhanden" (Maslow 1954/2014, S. 187).

Darüber hinaus zeigen sie

- starke Spontanität, Einfachheit, Natürlichkeit,
- Problemlösefähigkeit,
- häufiges Bedürfnis nach Privatheit und evtl. Einsamkeit,
- Unabhängigkeit von Kultur und Umwelt,
- unverbrauchte Wertschätzung,
- Kreativität,
- Fähigkeit zu lieben und geliebt zu werden – die Verteidigungshaltung wird fallen gelassen.

Eine grundlegend demokratische Charakterstruktur und der Wille, aktiv zu handeln, kommen hinzu. Maslow entwirft hier einen humanistischen Prototyp.

Methodisch wurde Maslows diesbezügliche Forschung heftig kritisiert. Inhaltlich war er am Schluss wohl der „echten" – also der kognitiven – Psychologie zu abgehoben – zumal er, ebenso wie sein Geistesbruder Carl Rogers, seine große Theorie empirisch nicht belegen konnte. So ging der Strang der humanistischen Psychologie unter und machte der kühlen, nicht normativen Empirie Platz. Heute aber haben wir durch die Forschungen der Positiven Psychologie nun die empirischen Befunde, die uns zuversichtlich stimmen können. Auch wenn Menschen nicht ausschließlich gut und wachstumsorientiert sind so wissen wir doch nun mit großer Verlässlichkeit, dass wir mit zunehmendem Wohlbefinden diesem besonderen Menschsein näherkommen. Und so verschränken sich humanistisches und positiv-organisationales Menschenbild (vgl. Abb. 4.2), denn beide sind – ganz im Sinne des Humanismus – optimistisch-anthropologisch, heliotropisch und eudaimonistisch.

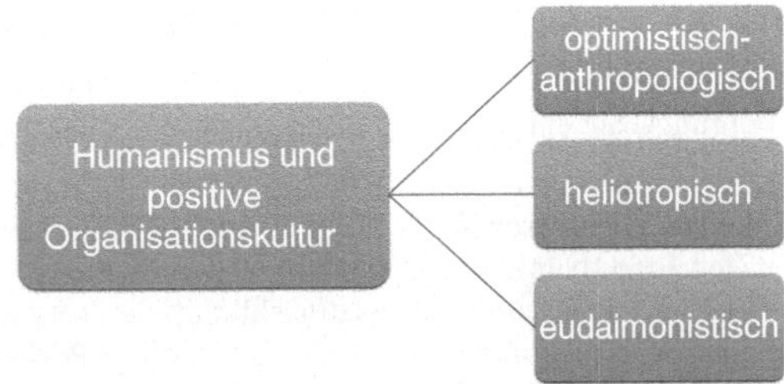

Abb. 4.2 Humanistisches Menschenbild und positive Organisationskultur

Optimistisch-anthropologisch ist es, weil es davon ausgeht, dass Menschen im Grunde gut sind und aktive Geschöpfe sind, die nach dem Guten streben. Menschen wollen wachsen. Und das ein Leben lang. Menschen sind lebensbejahende und schöpferische Individuen, die ihr inneres geistiges und kreatives Potenzial entfalten und als seelisch gesunde, ganzheitlich entwickelte Persönlichkeiten sich selbst verwirklichen.

Heliotropisch ist dieses Menschenbild, da es auf die Tendenz aller lebenden Systeme hin zu positiver Energie und weg von negativer Energie vertraut. „Von einfachen Zellorganismen bis hin zu komplexen menschlichen Systemen – alle lebenden Systeme haben die Tendenz hin zum Positiven und weg vom Negativen" (Cameron 2012, S. XII).

Eudaimonistisch (altgriechisch: auf die Glückseligkeit bezogen) meint hier eine philosophische Haltung, die das gelingende oder das schöne Leben als Ziel allen Strebens betrachtet und sich vom Hedonismus durch das Vorhandensein grundlegender Werte und Ziele abgrenzt. Explizit geht es um das Postulat, dass eine Neigung in allen menschlichen Systemen besteht, die besten Bestrebungen, das Gute der Menschheit, zu erreichen.

Pessimistisches oder optimistisches/humanistisches Menschenbild führen demnach in vollkommen unterschiedliches Führungshandeln (Tab. 4.1): Der angstbesetzten Misstrauenskultur steht die offene Vertrauenskultur gegenüber.

In einigen Leitsätzen bringt der amerikanische Philosophieprofessor und Humanist Paul Kurtz den modernen, säkularen Humanismus auf den Punkt. Neben den Forderungen nach Vernunft und Wissenschaft, Schutz der Erde und Arten, Ablehnung übernatürlicher Kräfte zur Erklärung von Phänomenen, Eintreten für die Verbesserung des menschlichen Lebens, Trennung von Staat und Kirche, Hilfe zur Selbsthilfe für Benachteiligte und Behinderte hier einige für unser Thema spannende Perspektiven:

Tab. 4.1 Pessimistisches und humanistisches Menschenbild

Pessimistisches Menschenbild Führungshandeln	Humanistisches Menschenbild Führungshandeln
• Misstrauen in die Leistungsfähigkeit und Leistungsbereitschaft der MA • Ziel: Effektivität und Effizienz • Eher angstbesetztes Organisationsklima • Hierarchisch strukturiert • Ordnung, Stabilität, Sicherheit • Unmündigkeit der MA • Druck über engmaschige Systeme der Rechenschaftslegung als Führungsinstrument – Kontrolle • Chef/in und Ausführende • Geheimwissen der Führung • Anweisungen (vor allem schriftlich) • Lange strategische Planungswege	• Vertrauen in die Leistungsfähigkeit und Leistungsbereitschaft der MA • Ziel: Aufblühen von Mensch und Organisation – Open Mindedness • Positives Organisationsklima • Dynamik, Fluss, selbstorganisative Prozesse • Hohe Partizipation, hohes Commitment • Erarbeitungs- statt Anweisungskultur • Akzeptanz von unkalkulierbaren Situationen • Hohe Freiheit des Einzelnen und der Abteilungen • Selbstverantwortung der MA • Offene, zügige Prozesse • Offene Kommunikation • Risikofreude

- Es ist „uns wichtig, Gerechtigkeit und Fairness in der Gesellschaft zu sichern und gleichzeitig Diskriminierung und Intoleranz abzuschaffen. (…)
- Wir versuchen Einstellungen zu überwinden, die Menschen eher trennen und einschränken. Damit sind beispielsweise gemeint: Diskriminierungen aufgrund von Hautfarbe, ethnischer Zugehörigkeit, Geschlecht, Religion, Klasse und sexueller Orientierung. Stattdessen versuchen Humanisten sich für das gemeinsame Gut der Menschlichkeit einzusetzen. (…)
- Wir glauben, dass wir uns des Lebens im Hier und Jetzt erfreuen und wir unsere kreativen Talente möglichst vollständig entwickeln können. (…)
- Wir glauben an gemeinsame moralische Werte wie Menschenfreundlichkeit, Integrität.
- Ehrlichkeit und Verantwortlichkeit. Humanistische Ethik ist offen für Kritik und orientiert sich an Rationalität. Moralische Prinzipien bewähren sich in ihrer praktischen Anwendung.
- Die moralische Erziehung unserer Kinder liegt uns sehr am Herzen. Wir fördern vor allem Vernunft und Mitgefühl. (…)
- Wir unterstützen den Humanismus als eine realistische Alternative zu Theologien der Hoffnungslosigkeit und zu Ideologien der Gewalt. (…)

- Wir glauben an den Optimismus anstelle von Pessimismus, an Hoffnung statt an Verzweiflung, an eigenständiges Lernen anstatt an Dogmen, an Wahrheiten statt an Unwissenheit, an Freude statt an Schuld und Sünde, an Toleranz anstelle von Furcht, an Liebe statt an Hass, an Mitgefühl anstelle von Selbstbezogenheit, an das Schöne statt an das Hässliche und letztlich an die Vernunft anstelle von blindem Glauben und Irrationalität.
- Wir glauben daran, dass es möglich ist, die besten und edelsten Fähigkeiten der Menschheit vollständig zu verwirklichen" (Kurtz 2011 o. S.).

Suchen wir nach Hinweisen für die Praxis, so ist eine Studie aus einem organisationsfernen Kontext aufschlussreich: Der Soziologe Samuel Oliner und die Erziehungswissenschaftlerin Pearl Oliner untersuchten ein Forscherleben lang, inwiefern sich Nichtjuden, die ihr Leben riskierten, um Juden vor dem Holocaust zu retten, von denjenigen unterschieden, die passiv zusahen. Neben vielen Gemeinsamkeiten (Bildungsgrad usw.) gab es doch einen signifikanten Unterschied: Sie liegt in der Art, mit Erklärungen umzugehen: „Samuel und Pearl Oliner stellten fest, dass die Eltern der Holocaustretter ihren Kindern als Richtlinie vor allem ‚Erklärungen gaben, warum ein bestimmtes Verhalten nicht in Ordnung ist, und dabei häufig auf die Folgen hinwiesen, die dieses Verhalten für andere hatte'. Während die Eltern derer, die dem Holocaust tatenlos zuschauten, die Einhaltung der Regeln um der Regeln willen forderten, wurden die Retter ermutigt, die Folgen ihres Tuns für andere zu bedenken" (Grant 2016, S. 37) – die Folgen nicht nur für die Mitglieder der eigenen Gruppe, wie häufig bei den Zuschauern auch. Stattdessen wurde ein Grundrespekt vermittelt, der für alle Menschen gilt.

Regeln fordern zur Übertretung heraus – was an unserem Willen zur Reaktanz gegen erzwungenes Verhalten liegt (Brohm und Endres 2015). Einsicht aber führt häufig dazu, dass gefolgt wird – in der Kindererziehung als rationale Perspektive auf die „Disziplin" intendiert und auch an Untersuchungen hochkreativer Kinder belegt: Eltern von „normalen Kindern" stellen im Schnitt sechs Regeln auf (Hausaufgaben, Essenszeiten u. a.). „Die Eltern hochkreativer Kinder verhängen im Schnitt weniger als eine Regel und tendieren dazu, moralische Werte' statt konkreter Verhaltensregeln in den Vordergrund zu stellen" (Grant 2016, S. 37). Werte wie „Moral, Integrität, Respekt, Neugier und Beharrungsvermögen" beispielsweise stellten sich als erzieherischer Urgrund später hochkreativer Architekten heraus (ebd.).

Auch wenn unsere Mitarbeiter/innen erwachsene Menschen sind und die oben zitierten Befunde nur eingeschränkt übertragbar sind: Was für eine Entlastung wäre es für unsere Organisationen, gelänge es uns, stark positive, humanistische

Werte zu verankern, die im organisationalen Umgang für alle Menschen innerhalb und außerhalb der Organisation gelten. Führung bräuchte kaum noch schrift-
lich fixiertes Regelwerk, denn implementiert werden sie durch Begründungen, die
sich auf die Konsequenzen des Handelns für Individuen, Abteilungen, die Organisation, die Stadt, das Land oder die Menschheit beziehen. Menschlichkeit wird
zur Leitlinie des Handelns; und das auch angesichts von Einsichten und emoti-
onalem Schmerz um PCB, Phishing-Mails, Seniorenabzocke und Contergan. Es
geht um eine philanthropische Grundhaltung. Eine Liebe zu allem Menschlichen
– und darüber hinaus zu allem, was lebt. Es geht darum, ein Integrer, eine Integre
zu sein.

Tugenden: Was wir leben 5

Tugenden sind gelebte Werte. Sie fördern die Integrität der Führungskräfte, den Leistungswillen der Mitarbeiter/innen und verlebendigen die Organisation. Als universelle Tugenden gelten Weisheit und Wissen, Mäßigung, Transzendenz, Mut, Menschlichkeit und Gerechtigkeit. Die drei Letztgenannten werden im humanistischen Führungskontext betont.

5.1 Vertrauensfallen

Alles in allem geht es hinsichtlich der Tugenddiskussion im organisationalen Kontext um die Integrität von Führungskräften; um eine Führungskraft, der Mitarbeiter/innen vertrauen können und die Menschen und Organisationen dadurch energetisiert. Nur dann folgen Mitarbeiter/innen, denn die „Grundlage jeglicher Kooperation und Delegation (…) ist Vertrauen" (Doppler und Lauterburg 2002, S. 119). Doppler und Lauterburg weisen in diesem Zusammenhang darauf hin, wie verhängnisvoll das Führen anhand des alten Spruchs „Vertrauen ist gut, Kontrolle ist besser" ist. Oder die andere Vertrauensfalle: „Besonders gefährlich ist die Verlockung, die Betroffenen einfach zu überrumpeln; sie über den Tisch zu ziehen; ihnen ein Fertigmenü zu servieren, das sie nicht bestellt haben; sie nicht an der Gestaltung der Zukunft zu beteiligen, die doch ihre eigene sein soll; dadurch Vertrauen und Glaubwürdigkeit zu verlieren und, paradoxerweise, diejenigen in Abwehr zu versetzen und auf Widerstand zu programmieren, auf die man bei der Umsetzung in erster Linie angewiesen ist" (ebd., S. 95).

Und genauso vertrauenszersetzend: die gezielte Dramatisierung, das Geschäft mit der Angst, um Mitarbeiter/innen oder Lernende zur Verhaltensänderung zu bewegen. „Die Betroffenen werden mit dieser Form der Dramatisierung aus

© Springer Fachmedien Wiesbaden 2017

M. Brohm, *Werte, Sinn und Tugenden als Steuerungsgrößen in Organisationen*, essentials, DOI 10.1007/978-3-658-14939-0_5

verdeckten Motiven manipuliert, ihre letzten Energien freizusetzen." Das ist 1) eine Manipulation mit der Gefahr, dass es keiner mehr ernst nimmt, wenn es wirklich dramatisch ist, 2) bestehe, so Doppler und Lauterburg, die Gefahr der „Paralyse des Gesamtsystems"; also der Erstarrung, des Totstellreflexes, und 3) schließlich könne die Angst auch mit Flucht beantwortet werden (Doppler und Lauterburg 2002, S. 90). Grundsätzlich haben Mitarbeiter/innen die Möglichkeit, Wandlungsprozesse mitzutragen, sich einzulassen, oder ihnen aus dem Weg zu gehen. Und sie lassen sich nur ein, wenn sie der Führung vertrauen.

Will nun eine Führungskraft eine – im Sinne der POS – positive Organisation aufbauen (vgl. Abschn. 3.2), so gilt, was Doppler und Lauterburg für alle organisationalen Wandlungsprozesse konstatieren:

> Ein Veränderungsvorhaben hat umso geringere Aussicht auf Erfolg, je stärker es im Gegensatz steht zur Unternehmenskultur, die insgesamt vorherrscht. Veränderungen einführen zu wollen, die neues Denken erfordern, die ein Verhalten voraussetzen, das bisher weder üblich noch beabsichtigt war, noch viel weniger belohnt und deshalb auch nicht ‚gelernt' wurde, ist wie der Versuch, das Meer zu pflügen (Doppler und Lauterburg 2002, S. 91).

5.2 Tugendhafte taugen

Tugendhaftes Verhalten knüpft hingegen ein starkes Band mit den Mitarbeiter(inne)n, denn eine Tugend ist die Verlebendigung des entsprechenden Wertes. Bennis et al. wiesen nach, dass die Mitarbeiter/innen der Führungskraft in ihrem Veränderungswillen folgen, wenn die Führungskraft eine konstante und schlüssige Wertebasis zeigt und als Tugenden lebt – und das auch dann, wenn diese Werte dem Mitarbeiter nicht entsprechen (Bennis et al. 1969).

Spannend ist hier der etymologische Zugriff auf das Wort „Tugend". Mit hoher Wahrscheinlichkeit leitet sich der Terminus aus dem altnordischen Adjektiv „dyggr" ab, das so viel wie „kräftig sein", „treu" oder „rechtschaffen" bedeutet. „Dygd" meint die Kraft, gute Eigenschaft und Treue (Fick 1909, S. 110). Der Tugendhafte taugt also zu etwas. Er stiftet Nutzen. Das Grimmsche Wörterbuch bindet die Tugend an „vortreffliches jeder art". Gegensätze dazu sind Schwäche, Ungeschicktheit und Unfähigkeit (Deutsches Wörterbuch 1854/1971).

Aus philosophischer Perspektive argumentiert Thomas Zwenger (2003): Tugend ist die Einheit von Wissen um das sittlich Gute und der Bereitschaft und Tatkraft, dieses zu verwirklichen. Insofern ist Tugend die Lebensform der Sittlichkeit. Platon definierte vier Kardinaltugenden, nämlich Weisheit, Tapferkeit, Besonnenheit (oft auch als Mäßigung, M. B.) und Gerechtigkeit, und das Christentum fügte drei weitere hinzu: Glaube, Liebe, Hoffnung." Aristoteles ging davon aus, dass Tugendhaftigkeit zum höchsten Glück des Menschen führe und durch theoretische und praktische Lernprozesse erworben werde. Nach Jahrtausenden thematisierter antiker, christlicher und ritterlicher Tugenden trat der Begriff der Tugend in der Neuzeit „sowohl in der Philosophie als auch in der politisch-gesellschaftlichen Wirklichkeit immer mehr in den Hintergrund (Zwenger 2003, o. S.).

5.3 Universaltugenden

Von den an Idealen orientierten Kardinaltugenden können wir die „Sekundärtugenden" abgrenzen: Ordentlichkeit, Fleiß, Sparsamkeit, Sauberkeit und Pünktlichkeit. Diese sind die „bürgerlichen" Tugenden der Aufklärung zur Sicherung wirtschaftlicher Existenz und ein eigenständiger Wert wird ihnen abgesprochen. Pünktlichkeit, Ordnung, Sparsamkeit usw. machen nur Sinn, solange sie dazu dienen, Primärtugenden zu leben: Gerechtigkeit, Liebe, Tapferkeit o. Ä. (Abb. 5.1). Ob Odysseus, Jeanne d'Arc, Robin Hood oder Wilhelm Tell, ob Dietrich Bonhoeffer, Edward Snowden oder Dominik Brunner (der Manager, der versuchte in

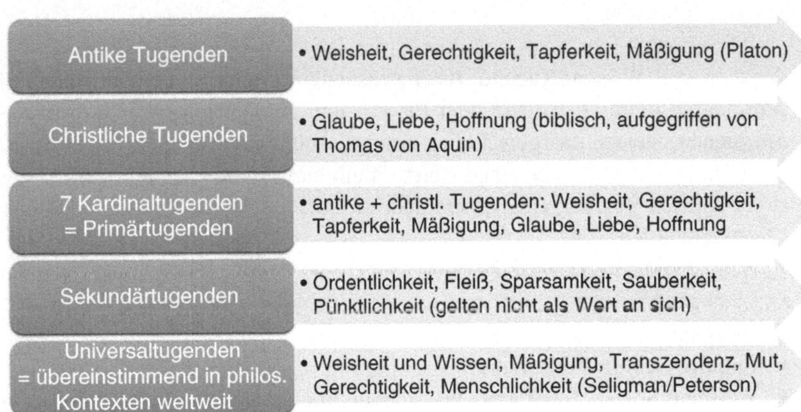

Abb. 5.1 Tugenden

einem Münchner U-Bahnhof einen Schüler zu schützen): Unsere mythologischen, historischen und modernen Helden stehen für gelebte Primärtugenden.

Der jeweilige kulturelle und/oder soziale Kontext prägte die o. g. Tugenden, und so gingen die US-amerikanischen Psychologen Peterson und Seligman (2004) der Frage nach, ob es *universelle, also kulturübergreifende Tugenden von allgemeingültigem Charakter* gebe. Dazu analysierten sie die zentralen religiösen, philosophischen, erziehungsbezogenen und politischen Texte aus dem chinesischen, südasiatischen und westlichen Kulturraum – also den philosophisch am stärksten beeinflussenden Kulturkreisen („Great Three") und fanden tatsächlich sechs Universaltugenden: *Weisheit, Mut, Menschlichkeit, Gerechtigkeit, Mäßigung* und *Transzendenz* (Peterson und Seligman 2004). Ihnen sind jeweils spezifische Charakterstärken zugeordnet, die sich auf Fähigkeiten, Fertigkeiten, Werte, Haltungen und Gefühle beziehen.

Das Gefühl, das „wahre Ich" zu kennen, mit Begeisterung dieses Ich zum Ausdruck zu bringen, das Gefühl, „voller Power" zu sein, sich freudig mit etwas zu befassen – all das ist Ausdruck dessen, dass hier jemand eine seiner Kerntugenden lebt. Oft führt diese Stimmigkeit in den selbstvergessenen Flow-Zustand. Die aus empirischer Sicht besten Charakterstärkentests für Erwachsene, aber auch für Kinder und Jugendliche findet man auf der Website meines Kollegen Willibald Ruch von der Universität Zürich (2015) unter www.charakterstaerken.org, wo man sich kostenlos selbst testen kann. Die Tests dienen rein wissenschaftlichen Zwecken. Nach der Anmeldung kann man sofort beginnen und erhält das Ergebnis per Mail nach dem letzten Klick. Zur ersten Orientierung hilft aber auch die freie Selbsteinschätzung. Hier nun die sechs Kerntugenden mit ihren jeweils zugeordneten Stärken:

1. Weisheit und Wissen: Tugend, die insbesondere kognitive Persönlichkeitseigenschaften umfasst, welche dem Erwerb und der Nutzung von Informationen dienen, welche das gute Leben ermöglichen. „Unter diesen Tugenden ist nicht ein hoher IQ zu verstehen, sondern ein hart erworbenes und zum Guten angewendetes Wissen" (Universität Zürich 2015, S. 8) mit den zugeordneten Charakterstärken:
   - Neugier/Interesse an der Welt
   - Liebe zum Lernen
   - Offenheit
   - Einfallsreichtum/Kreativität
   - Weisheit: Soziale Intelligenz/Persönliche Intelligenz/Emotionale Intelligenz

2. Mäßigung: Tugend, die Persönlichkeitseigenschaften beinhaltet, die „Menschen vor Unmässigkeit und Exzessen schützen" (Universität Zürich 2015, S. 13) mit den zugeordneten Charakterstärken:
   - Vergebungsbereitschaft und Mitleidsfähigkeit
   - Selbstkontrolle
   - Besonnenheit
   - Demut und Bescheidenheit

3. Transzendenz: Tugend, die Persönlichkeitseigenschaften umfasst, welche es „Menschen ermöglichen, eine Beziehung zu einer höheren Instanz zu haben und dem Leben Sinn zu verleihen. Diese Tugend umfasst alles, was jenseits des menschlichen Verstandes liegt, was die Menschen ihre Sorgen vergessen lässt und ihrem Dasein Bedeutung verleiht" (ebd., S. 15) mit den Charakterstärken:
   - Wertschätzung für Schönheit und Excellence
   - Dankbarkeit
   - Hoffnung
   - Spiritualität
   - Humor

Humanistische Führung lebt besonders von den Tugenden:

4. Mut: Tugend, welche die emotionalen Stärken beinhaltet, die mittels „Ausübung von Willensleistung internale und externale Barrieren zur Erreichung eines Ziels überwindet" (Universität Zürich 2015, S. 6). Die Definition dieser Tugend „umfasst das Überwinden von Angst, ethische Integration und den Willen zur Bewältigung in gefährlichen und schwierigen Situationen" (ebd., S. 9) mit den Charakterstärken:
   - Authentizität: die Wahrheit sagen und sich natürlich geben
   - Tapferkeit: sich nicht Bedrohung oder Schmerz beugen, Herausforderungen annehmen
   - Ausdauer: beendigen, was begonnen wurde
   - Enthusiasmus: der Welt mit Begeisterung und Energie begegnen

5. Menschlichkeit: Tugend, welche interpersonale Persönlichkeitseigenschaften beinhaltet, die „in Beziehungen zu anderen Menschen zum Tragen kommen und liebevolle Interaktionen ermöglichen. Zu dieser Tugend gehören

prosoziales und altruistisches Verhalten, Empathie und Sympathie" (Universität Zürich 2015, S. 11) mit den Charakterstärken:

- Freundlichkeit: Gefallen tun und gute Taten vollbringen
- Bindungsfähigkeit: menschliche Nähe herstellen können
- Soziale Intelligenz: sich der Motive und Gefühle von sich selbst und anderen bewusst sein

6. Gerechtigkeit: Tugend, die den Gemeinsinn fördert und Persönlichkeitseigenschaften umfasst, die „für die Beziehung zwischen Individuum und der Gruppe oder Gemeinschaft bedeutsam sind und das Gemeinwesen fördern" (Universität Zürich 2015, S. 12).

- Fairness: alle Menschen nach dem Prinzip der Gleichheit und Gerechtigkeit behandeln
- Führungsvermögen: Gruppenaktivitäten organisieren und ermöglichen
- Teamwork: gut als Mitglied eines Teams arbeiten (ebd., S. 6 f.), auch als „Gemeinschaftssinn" (Social Responsibility, Loyalität, Teamwork) (vgl. Peterson und Seligman 2004; Universität Zürich 2015; Seligman 2012)

Sind diese Tugenden im Verhalten der Organisationsmitarbeiter/innen stabil verankert, kann auf permanente Kontrolle und ausgetüftelte Regelwerke in schriftlicher Form weitgehend verzichtet werden (vgl. Abschn. 4.3), denn tugendhaftes Verhalten wird von den Führungskräften vorgelebt und im Laufe der Zeit von den Mitarbeiter(inne)n adaptiert, sobald diese feststellen, dass die Organisationsführung erfolgreich ist.

Sinn: Was uns antreibt 6

Sinnerleben ist eine grundlegende Sehnsucht des Menschen. Wir handeln erst, wenn die Handlung selbst sinnvoll erscheint, was bedeutet, dass sie als kohärent zu den eigenen Werten und Tugenden wahrgenommen wird und in einem größeren Kontext steht, der lebensstärkende, positive Effekte generiert. Sinnerleben ist ein starker positiver Energetisierer für Individuum und Organisation. Das Sinnerleben kann durch spezifische Interventionen gestärkt werden.

6.1 Sinn-Defizite

Ist das, was wir tun, relevant, bereichernd und plausibel? Viele erleben ihr Tun anscheinend eher als sinnlos. Rund 20 % der Gesamtbevölkerung leiden, so der Begründer der Logotherapie Victor Frankl, bereits in den späten vierziger Jahren, an einer noogenen Neurose – also einer aus dem Geist entstehenden, mit Sinnverlust einhergehenden, nicht auf psychische oder physische Ursachen basierenden Neurose. Zu annähernd hohen Werten kommt auch seine Schülerin Elisabeth Lukas anhand einer österreichischen Stichprobe von 1969. Aktuellere Replikationsstudien kommen zu ähnlichen Befunden (Schnell 2008).

Dabei ist der Mensch ein Lebewesen auf der Suche nach Sinn – um es frei nach Victor Frankl zu sagen. Die Sinnsuche spiegelt sich in der permanenten Frage nach dem „Warum?" – einer auch aus motivationaler Perspektive zentralen Frage, da erst die schlüssige Antwort den Handlungsimpuls freisetzt (Brohm 2015): Die bevorstehende oder momentane Aktivität muss einen Wert haben, also sinnvoll sein und den diesbezüglichen Erwartungen antizipierend gerecht werden: „Ich arbeite jetzt an diesem Antrag, damit die Familie in der nächsten Woche ihr Geld bekommt und es ihr wieder gut geht!" Und ebenso im organisationalen

© Springer Fachmedien Wiesbaden 2017
M. Brohm, *Werte, Sinn und Tugenden als Steuerungsgrößen in
Organisationen*, essentials, DOI 10.1007/978-3-658-14939-0_6

Kontext: „Wir schützen Menschen vor dem finanziellen Bankrott", „Wir geben das Wissen von Generation zu Generation weiter", „Wir entwickeln Persönlichkeiten" usw.

Wissen wir, warum wir etwas tun, tun wir es tendenziell früher und besser, denn Sinnerleben steigert die Leistungsfähigkeit. Und die Lebensfreude. Und wir wissen das schon lange: Ein locker in die flowige Brainstromingrunde geworfenes „Das macht keinen Sinn!" wirkt als De-Energetisierer par excellence …

Sinndefizite gelten, so Victor Frankl, als zentrale seelische Konflikte. Unerfüllter Sinn, oder auch falsch erfüllter Sinn führt zu Sinnlosigkeit, zu „existenziellen Frustrationen". Und „existenzielle Frustration" will abgewehrt werden – löst also aktiven oder passiven Widerstand aus. Aktiv z. B. als Gegenargumentation, Vorwürfe, Drohungen, Polemik, sturer Formalismus, Streit, Intrigen, Gerüchte, Cliquenbildung, passiv in Form von Schweigen, Bagatellisieren, ins Lächerliche ziehen, Unwichtiges tun, Müdigkeit, Fernbleiben, innerer Emigration oder Krankheit (vgl. Doppler und Lauterburg 2002, S. 296). Darüber hinaus wurden, so die Persönlichkeitspsychologin Tatjana Schnell, wiederholt „Zusammenhänge von Sinnerfüllung mit Lebenszufriedenheit, positivem Affekt oder Allgemeinem Wohlbefinden" gefunden. Ein „eigener Forschungszweig des sinnbasierten Copings belegt dessen Wirksamkeit, indem eine (negative) Lebenskrise als sinnvoll interpretiert und so kohärenzstiftend bzw. – wiederherstellend in das eigene Leben eingeordnet wird" (Schnell 2008, S. 4). Wer nach einer schweren Krankheit den Eindruck hat, die erzwungene Pause hätte zu einer positiven Wende in seinem Leben geführt, er sei nun lebendiger, lebensfroher oder mutiger als je zuvor, gesundet schneller. Therapien fokussieren oft genau darauf: Was ist gut daran? Welche Kräfte sind durch das Trauma, die Trennung, die Vergewaltigung, die Krankheit freigesetzt worden? Therapien stiften damit Sinn, weil Therapeuten um die ungeheure, vitalisierende Kraft der Sinnstiftung wissen.

6.2 Sinn-Erleben stärken

Sinn als Führungskraft durch Verweis auf das zu sichernde Einkommen oder Gehaltserhöhungen schaffen zu wollen, trägt langfristig nicht, denn infolge der weltweiten Banken- und Finanzkrise seit 2009 verlieren rein materielle Anreizsysteme zunehmend an Wert und zudem sind viele Mitarbeiter/innen materiell relativ stabil abgesichert und durch finanzielle Anreizsysteme kaum noch zu bewegen. Einige gar empfinden ihren Besitz als Ballast, der sie unfrei macht, Verlustängste schürt und vom Wesentlichen fernhält. So geisterte durch die sozialen Netzwerke kürzlich die Geschichte eines Bankers, der sich durch seinen Besitz erdrückt fühlte und kurzerhand eine Gruppe von Aktionskünstlern bestellte, um mit Presslufthammer und Kettensäge seine Villa – inklusive Art-déco-Möblierung – in den Rohbauzustand zurückzuversetzen.

Gar so kreativ muss es ja freilich nicht enden, aber tendenziell geht es in der öffentlichen Diskussion zunehmend um Werte und die Rückbesinnung auf das Wesentliche. „Im Zusammenhang mit Organisationen bedeutet die Sinnfrage", so Seliger, „ein ‚großes Bild' vom Nutzen, Zweck und der Bedeutung ihrer ‚Werke' zu schaffen, das die Mitglieder der Organisation kennen und mit dem sie sich identifizieren können" (Seliger 2014, S. 79). Organisationen, denen ihr Sinn abhanden gekommen sei, verlören Energie bzw. könnten kaum neue Energie mobilisieren. Denn „Sinn ist ein Energizer. Hochenergie-Organisationen wissen, was ihr Sinn ist" (ebd.).

Sinn kann nur vom Individuum selbst gefunden werden, aber die Organisation kann drei Schritte tun, um das Finden des Sinns zu unterstützen:

1. Die Organisation definiert ihren basalen und ihren globalen Sinn.
2. Die Organisation macht den Beitrag des Einzelnen zum basalen und globalen Sinn der Organisation transparent
3. Die Organisation intendiert eine Passung zwischen organisationalem Sinn und individuellem Sinn.

6.2.1 Basaler und globaler Sinn

Organisationen verfügen, wenn sie sinnstiftend aufgestellt sind, über einen basalen Organisationssinn sowie einen darüber hinausweisenden gesellschaftsbezogenen Sinn.

Für Ersteres ist es sinnvoll,

1. zunächst die Aufgaben der Organisation in den Blick zu nehmen (basaler Sinn) und sie dann im zweiten Schritt.
2. bezüglich ihrer gesamtgesellschaftlichen Funktion (globaler Sinn) zu durchleuchten.

Der *basale Sinn* (1) einer Organisation ergibt sich zunächst aus ihrer Aufgabe, ihrem Zweck, nämlich Produkte oder Dienstleistungen für Kunden und/oder die Gesellschaft zu produzieren (Seliger 2014, S. 181). Diese Aufgaben und Dienstleistungen sind im Organisationsleitbild oder im Öffentlichen Dienst in den grundlegenden Gesetzestexten festgehalten.

Im Sinne einer gesamtgesellschaftlichen Verantwortung (2) aber können und müssen Organisationen mehr sein als schlichte Produzenten und Dienstleister. Seliger weist in diesem Zusammenhang auf den Wirtschaftspsychologen David Cooperrider hin, der eine Corporate Social Responsibility (CSR) anmahnt: Er spricht von „Business as an Agent of World Benefit" und nimmt „Organisationen in die Pflicht und in ihre Verantwortung für die Entwicklung der Gesellschaft" (Seliger 2014, S. 183). Es geht also um Ethik und gesellschaftliche Verantwortung, um den *globalen Sinn* der Organisation, denn „Organisationen müssen sich an ihrem gesellschaftlichen Nutzen messen lassen, und das bedeutet, dass ihr Überleben an Fragen des gesellschaftlichen Sinns und Wertes gekoppelt sein muss" (ebd., S. 184). Also: „Welchen Nutzen stiften wir für den Gesamtprozess: Was würde im Prozess fehlen, wenn wir unseren Beitrag nicht leisten?" (ebd., S. 144).

Hoch energetisierend wirkt der Sinn, so Cameron, wenn ein oder mehrere der folgenden Kriterien zutreffen (Abb. 6.1): Die Arbeit in der Organisation

1. *hat eine wichtige positive Wirkung auf das Wohlergehen von Menschen,*
2. *ist mit wichtigen Tugenden oder persönlichen Werten verbunden,*
3. *baut unterstützende Beziehungen oder einen Gemeinsinn auf,*
4. *hat einen Effekt, der über die eigenen Zeit hinausgeht oder löst einen „ripple"-Effekt (Welleneffekt) aus (Cameron 2012, S. 93 f.).*

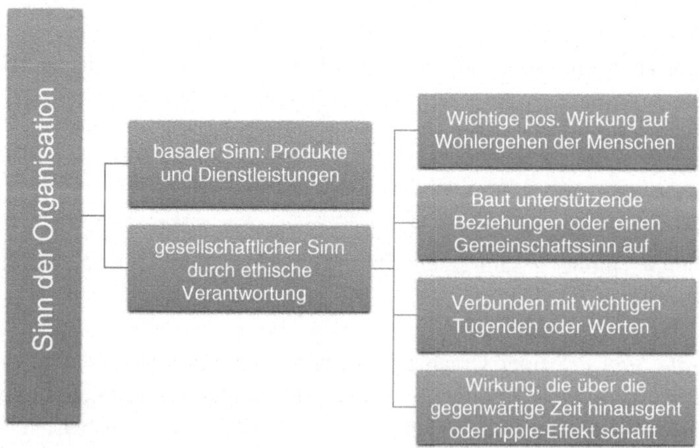

Abb. 6.1 Sinn in Organisationen

Positive Organisationen sollten sich somit fragen (Abb. 6.2):

1. Hat unsere Organisation eine oder mehrere positive Wirkungen auf das Wohlergehen der Menschen?
   Trägt die Organisation zum Wohlergehen, Überleben, Verlebendigen, zur
   Lebensfreude, Sicherheit, Beständigkeit, Freiheit, Gesundheit oder Ähnli-
   chem bei? Inwiefern steigert die Organisation demnach das Wohlbefinden der
   Menschen – oder, wem das nicht zu pathetisch ist: der Menschheit? Was trägt
   unsere Organisation zum Wohle der Menschen bei?
2. Für welche wichtigen Tugenden und Werte stehen wir?
   Die Kerntugenden wurden ja bereits im fünften Kapitel thematisiert. Es sind
   Weisheit, Mut, Menschlichkeit, Gerechtigkeit, Mäßigung und Transzendenz.
   Werden diese Tugenden sowie die dahinterliegenden humanistischen Werte in
   der Organisation gelebt? Sind sie Teil der lebendigen Arbeits- und Sozialpra-
   xis? Überträgt sich dieses Verhalten auf die Mitarbeiter/innen?
3. Inwiefern bauen wir unterstützende Beziehungen oder einen Gemeinschaftssinn auf?
   Menschen empfinden es als außerordentlich sinnvoll, unterstützende Bezie
   hungen aufzubauen. Das ist auch evolutionär erklärbar, da eine Gruppe überle-
   bensfähiger ist als isolierte Individuen. Beitrag-zum-Gemeinwohl-Ziele führen
   zu stärkerer Leistungs- und Lernorientierung, zwischenmenschlichem Vertrauen, Unterstützung usw. Führungskräfte sollten daher Gemeinschaftsziele
   Vereinzelungszielen vorziehen.
4. Wirken wir über unsere gegenwärtige Zeit hinaus oder erzeugen einen
   „ripple"-Effekt (Welleneffekt)?
   Tendenziell scheinen Menschen einen starken Wunsch zu hegen, ein Ver-
   mächtnis zu schaffen, welches über ihre eigene Zeit hinausreicht (Cameron).

Abb. 6.2 Zentrale Sinn-
Fragen

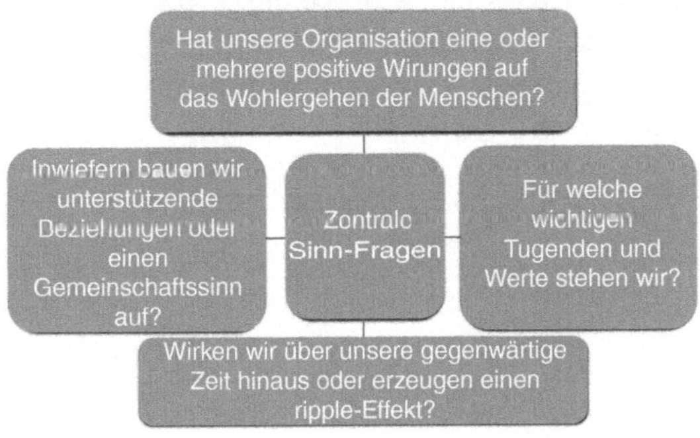

„We call it ‚catch the fever' because you are actually becoming part of something historical" (Cameron 2012, S. 97). Menschen wollen *stolz sein auf das, was sie tun*, und darauf, dass sie dazu beitragen, etwas Besonderes zu schaffen. Etwas wirklich Wichtiges aufbauen, pflanzen, heilen, denken, planen …

6.2.2 Beitrag des Einzelnen zum Organisationssinn

Auf Individualebene entsteht dann Sinnerleben, wenn der Arbeitszusammenhang innerhalb des Großen Ganzen erkannt wird und die eigene Tätigkeit den eigenen Fähigkeiten möglichst stark entspricht.

So sollte jeder Mitarbeiter „ein klares Bild davon haben, welchen Nutzen seine Aufgabe für

- seine Kollegen,
- die Abteilung,
- das Unternehmen,
- die Kunden und
- die Gesellschaft hat" (Seliger 2014, S. 142).

Denn auch der kleinste Beitrag ist Beitrag zum Gesamterfolg: Was du tust, ist gut und richtig! Was du tust, ist wichtig für das Gesamte! Du bist wichtig! Was du tust, hat einen Nutzen für das Ganze! Zentral ist, dass der eigene Anteil am organisationalen Sinn erkannt und verwirklicht werden kann. Wichtige Führungsfragen wären in diesem Zusammenhang beispielsweise:

- „Warum haben Sie sich für Ihre Aufgabe entschieden?
- Was bedeutet Ihre Aufgabe für Sie persönlich?
- Welchen Nutzen stiften Sie für andere?
- Welchen Nutzen stiftet diese Aufgabe für Sie selbst, Ihre Persönlichkeit und Ihr Leben?" (Seliger 2014, S. 141)
- Welchen Anteil hat Ihre Arbeit am Erfolg der Abteilung? … am Erfolg des Unternehmens?

6.2.3   Passung von organisationalem und Individual-Sinn

Der dritte Weg zu starkem Sinnerleben liegt in der Passung von Individualsinn und organisationalem Sinn (Abb. 6.3): Die eigene Arbeit wird als sinnstiftende Verwirklichung des Selbst verstanden (Abb. 6.3).

Optimal wäre, Mitarbeiter/innen zu gewinnen, deren individuelle Lebensbedeutung – deren individueller Lebenssinn also – stimmig zum zentralen Organisationssinn passt. Grundlegend in diesem Kontext ist die Frage nach den Sinnquellen: also Lebensbedeutungen, „die das eigene Denken, Erleben und Verhalten grundlegend motivieren und ihm Bedeutsamkeit verleihen (z. B. Spiritualität, Gesundheit, Leistung oder Fürsorge); sie stehen für *Sinn im Vollzug*" (Schnell 2008, S. 5 f., Herv. i. O.).

Und diese Lebenssinne können recht unterschiedlich sein: Danach gefragt, was ihn antreibt, antwortet beispielsweise der Physiker John Ellis: „Der Drang, die Welt zu verstehen. Ich bin süchtig nach Wissen. Wenn ich etwas Neues verstanden habe, komme ich oft in einen regelrechten Adrenalinrausch. (…) Und auch wenn ich eine neue Idee habe, die niemand zuvor hatte, erlebe ich ein unbeschreibliches Glücksgefühl" (Heinrich 2014, S. 9). Der 75-jährige Philosoph Bernulf Kanitscheider findet seinen Lebenssinn in

der Lust, das Leben bestmöglich zu leben und zu genießen, dazu zählt auch die intellektuelle Freude bei der Lösung eines Problems. Jeder hat Fähigkeiten und Möglichkeiten, bei der Arbeit und im Privatleben, und die gilt es zu erkennen, zu entfalten und zu kultivieren – also das, was die Natur dir mitgibt fürs Leben, so gut wie möglich zu nutzen. Ich habe das Philosophieren zu meinem Beruf gemacht, daneben gehe ich mehrmals im Jahr auf Skitouren und Wandern, ich liebe Kammermusik, und ich habe zu meinen Kindern und Enkelkindern ein gutes Verhältnis. Ich glaube, ich habe so gut und intensiv wie möglich gelebt (Heinrich 2014, S. 17).

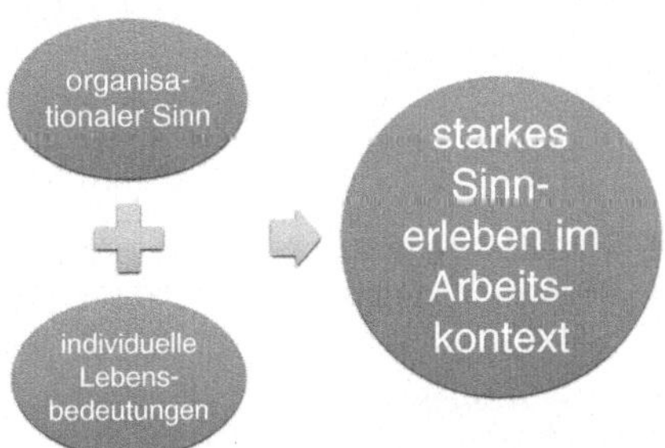

Abb. 6.3   Sinnerleben im Arbeitskontext

Der Vater einer Tochter mit Trisomie 21 spricht vom Lebenssinn als seiner Lernaufgabe, dass die Liebe mitunter verlange, „dass man seine Erwartungen ablegt". Eine ehemalige Brustkrebspatientin sagt, der Lebenssinn liege im „Leben selbst. Ich genieße es noch mehr als vor der Erkrankung. Ein gutes Essen, viel Sport, Lachen, Freunde treffen. Viele Dinge nehme ich seither noch intensiver und detaillierter wahr. Das liegt wohl daran, dass ich weiß, dass all das Schöne nicht selbstverständlich ist."

Ein 88-jähriger Biobauer schließlich hat gemeinsam mit seiner Frau etwas anderes gefunden: „Dieses Leben im Einklang mit der Natur und den Jahreszeiten war für uns etwas sehr Befriedigendes. Wir haben das Leben an sich und seinen Rhythmus zum ersten Mal so richtig gespürt, wir beide gemeinsam, das hat uns noch näher zusammenrücken lassen als zuvor" (Heinrich 2014, S. 12 ff.).

Die Persönlichkeitspsychologin Tatjana Schnell (2008) identifizierte mögliche Lebenssinne anhand philosophischer, anthropologischer und religionswissenschaftlicher „universelle(r) Ausdrucksformen von Sinn" (Schnell 2008, S. 7) und leitet vier Dimensionen der Lebensbedeutungen ab: *Selbsttranszendenz, Selbstverwirklichung, Ordnung* sowie *Wir- und Wohlgefühl* (ebd., S. 8).

Selbsttranszendenz als „Überschreitung eigener Bedürfnisse und Orientierung an einem größeren Ganzen" – im Sinne der Ausrichtung auf das Jenseitige oder in der „engagierte(n) Übernahme von Verantwortung für verschiedene Bereiche der Eigen-, Mit- oder Umwelt" (Schnell 2008, S. 9) umschließt die Lebensbedeutungen:

- Soziales Engagement
- Explizite Religiosität
- Naturverbundenheit
- Selbsterkenntnis
- Gesundheit
- Generativität
- Spiritualität

Selbstverwirklichung als „aktive Entwicklung eigener Potentiale" (Schnell 2008, S. 9) gliedert sich in die Lebensbedeutungen:

- Herausforderung
- Individualismus
- Macht
- Entwicklung

- Leistung
- Freiheit
- Wissen
- Kreativität

Ordnung als „Bewahrung und Mäßigung" (Schnell 2008, S. 9) enthält die Bereiche:

- Tradition
- Bodenständigkeit
- Moral
- Vernunft

Wir- und Wohlgefühl als „Erlangung und Erhalt von körperlichem, seelischem und sozialem Wohlbefinden" (Schnell 2008, S 9) meint:

- Gemeinschaft
- Spaß
- Liebe
- Wellness
- Fürsorge
- Bewusstes Erleben
- Harmonie

In der Stichprobe von Schnell gaben 14 % der befragten Erwachsenen an, nur eine der Lebensbedeutungen sei für sie zentral, für 55 % spielen zwei bis acht Lebensbedeutungen eine Rolle, die übrigen 15 % wiesen noch höhere Werte auf. Bis zu einer Summe von fünf Lebensbedeutungen zeigt sich ein stark zunehmendes Gefühl der Sinnerfüllung. „Hohe Sinnerfüllung ergibt sich nicht durch die Orientierung an einer, sondern durch die Verfolgung mehrerer Lebensbedeutungen" (Schnell 2008, S. 17).

6.3   What a wonderful world

Insgesamt zeigt sich, dass der erste Bereich, die Selbsttranszendenz, besonders stark zum Gefühl der Sinnerfüllung beiträgt (Schnell 2008, S. 18). Wie schon im obigen, organisationsbezogenen Kontext angemerkt, finden wir auch hier, auf der

Individualebene, klare Evidenz dafür, *dass wir und unsere Organisationen etwas finden sollten, was über uns selbst hinausweist und nicht nur der reinen Selbststärkung dient. Denn so empfinden wir weit stärker, etwas Sinnvolles zu tun:*

- Wir sorgen dafür, dass Menschen zu starken Persönlichkeiten heranwachsen (Schulen/Hochschulen)
- Wir helfen der Natur, aufzublühen und zu überleben (Gartencenter)
- Wir sorgen für Straßen, Universitäten und Bibliotheken (Finanzamt)
- Wir geben Menschen ein Zuhause (Immobilien)
- Wir sichern alten Menschen ein lebenswertes Leben (Putzkolonne Altenheim)
- Wir schützen Menschen vor dem finanziellen Bankrott (Sozialamt, Versicherer)

Oder wie hieß es in den späten 90er-Jahren in einer Werbung zur Abwrackprämie: „Opel zahlt xx DM für Autos ohne Kat und garantiert eine umweltgerechte Entsorgung". Der Kunde konnte also gleich zweifach Sinn erfüllend handeln: seine finanzielle Freiheit erhöhen (Selbstverwirklichung) und seinen Beitrag zum Gemeinwohl leisten (Naturverbundenheit, Generativität als Selbsttranszendenz). Musikalisch untermalt wurde der Werbespot mit Louis Armstrongs „Wonderful World":

> I see trees of green, red roses too
> I see them bloom, for me and you
> And I think to myself
> What a wonderful world
> I see skies of blue, and clouds of white
> The bright blessed day, dark sacred night
> And I think to myself
> What a wonderful world
> Yes, I think to myself
> What a wonderful world

Inventar WeTSSO (Werte, Tugenden, Sinn als Steuerungsgrößen in Organisationen)

7

Hier nun finden Sie die zentralen Elemente der Steuerung anhand von Werten, Tugenden und Sinnerleben in Organisationen in kompakter Form (Tab. 7.1) als Strategieinventar. Bitte schätzen Sie sich und Ihre Organisation anhand der folgenden Fragen ein. Dieses Instrument können Sie als eigenes Feedback- und Entwicklungsinstrument nutzen.

Tab. 7.1 Fragebogen WeTSSO

		Trifft zu	Trifft eher zu	Teils – teils	Trifft eher nicht zu	Trifft nicht zu
	Allgemein					
1	Wir fokussieren unseren Blick auf das Wohlbefinden der Menschen in unserer Organisation und unserem Umfeld					
2	Wir helfen anderen (in und außerhalb der Organisation) dabei, aufzublühen					
3	Wir sind vertrauenswürdig und integer					

© Springer Fachmedien Wiesbaden 2017
M. Brohm, *Werte, Sinn und Tugenden als Steuerungsgrößen in Organisationen*, essentials, DOI 10.1007/978-3-658-14939-0_7

Tab. 7.1 (Fortsetzung)

		Trifft zu	Trifft eher zu	Teils – teils	Trifft eher nicht zu	Trifft nicht zu
4	Wir berücksichtigen die Bedürfnisse unserer Mitarbeiter/innen und unseres weiteren Umfelds nach Zugehörigkeit, Achtung/Wertschätzung und Selbstverwirklichung					
5	Unsere Personalfluktuation (Mitarbeiterbindung), Produktivität, Kundenzufriedenheit, Kundenbindung, Arbeitsqualität wird auch im Kontext der o. g. Bedürfnisbefriedigung reflektiert					
	Werte					
6	Unser Menschenbild ist von der Annahme geprägt, dass Menschen im Kern gut sind, positive Verhaltensweisen zeigen und sich als Menschen entwickeln wollen (Humanismus)					
7	Wir vertrauen in die Leistungsfähigkeit und Leistungswilligkeit unserer Mitarbeiter/innen					
8	Unsere Verhaltensweisen, Gebäude, Logos, Bilder, Rituale, Slogans u. a. spiegeln unsere positiven Werte wider					

(Fortsetzung)

Tab. 7.1 (Fortsetzung)

		Trifft zu	Trifft eher zu	Teils – teils	Trifft eher nicht zu	Trifft nicht zu
	Tugenden					
9	Wir leben aufbauende Werte und Tugenden vor, wie etwa gegenseitige Unterstützung, Gerechtigkeit, Mitfühlen, Freundlichkeit, Mut, Wohlwollen					
10	Wir leben die Führungstugend Mut (Authentizität, Tapferkeit, Ausdauer, Enthusiasmus)					
11	Wir leben die Führungstugend Menschlichkeit (Freundlichkeit, Bindungsfähigkeit, soziale Intelligenz)					
12	Wir leben die Führungstugend Gerechtigkeit (Fairness, Führungsvermögen, Teamorientierung)					
	Positives Sinn-Erleben					
13	Meine Organisation hat eine wichtige positive Wirkung auf das Wohlergehen von Menschen					
14	Meine Organisation ist mit wichtigen Tugenden oder persönlichen Werten verbunden					
15	Meine Organisation baut unterstützende Beziehungen oder einen Gemeinsinn auf					

(Fortsetzung)

Tab. 7.1 (Fortsetzung)

		Trifft zu	Trifft eher zu	Teils – teils	Trifft eher nicht zu	Trifft nicht zu
16	Meine Organisation hat einen Effekt, der über die eigene Zeit hinausgeht oder löst einen „ripple"-Effekt (Welleneffekt) aus					
17	Meine Mitarbeiter haben ein klares Bild davon, welchen Nutzen ihre Aufgabe für die Organisation, Abteilung, Kunden, Gesellschaft usw. hat, denn auch der kleinste Beitrag ist Beitrag zum Gesamterfolg: Was du tust, ist gut und richtig!					
18	Wir sprechen mit unseren Mitarbeiter(inne)n auch über das, was ihnen wichtig ist – ihre Lebensbedeutungen					
19	Wir versuchen, falls möglich, die Lebensbedeutungen der Mitarbeiter/innen und ihre Arbeitsbereiche aufeinander zu beziehen					

Literatur

Allensbach-Befragung. (2015). *Was halten Sie persönlich im Leben für besonders wichtig und erstrebenswert?* IfD Allensbach, Statista-Datenbank: statistic_id170820_umfrage-in-deutschland-zu-wichtigen-lebensaspekten-zielen-und-werten-bis-2015.

Baker, W., Cross, R., & Wooten, M. (2003). Positive organizational network analysis and energizing relationships. In K. Cameron, J. Dutton, & R. Quinn (Hrsg.), *Positive organizational scholarship: Foundations of a new discipline* (S. 328–342). San Francisco: Berrett-Kohler.

Baker, W., Cross, R., & Parker, A. (2003). What creates energy in organizations? *MIT Sloan management review, 44*(4), 51–56.

Baker, W. (2004). *Half-baked brown bag presentation on positive energy networks.* University of Michigan Business School, Unpublished manuscript.

Bennis, W. G., Benne, K. D., & Chin, R. (1969). *The planning of change* (2. Aufl.). New York: Holt, Rinehart & Winston Inc.

Brohm, M. (2009). *Sozialkompetenz und Schule. Theoretische Grundlagen und empirische Befunde zu Gelingensbedingungen sozialbezogener Interventionen.* Weinheim: Juventa.

Brohm, M. (2015). *Motiviert studieren.* Paderborn/Stuttgart 2015, UTB.

Brohm, M. (2016). *Positive Psychologie in Bildungseinrichtungen. Für Fach- und Führungskräfte.* Essentials. Berlin: Springer.

Brohm, M., & Endres, W. (2015). *Positive Psychologie in der Schule.* Weinheim: Beltz.

Cameron, K. (2012). *Positive leadership. Strategies for extraordinary performance.* New York: Mcgraw-Hill Education Ltd.

Cameron, K. (2013). *Practicing positive leadership. Tools and techniques that create extraordinary results.* San Francisco: Berrett-Koehler Publishers.

Cameron, K., Mora, C., Leutscher, T., & Calarco, M. (2011). Effects of positive practices on organizational effectiveness. *Journal of Applied Behavioral Science, 47*(3), 266–308. http://jab.sagepub.com/content/early/2011/01/26/0021886310395514.full.pdf+html. Zugegriffen: 18. Nov. 2015.

Cameron, K., & McNaughtan, J. (2014). Positive organizational change. *The Journal of Applied Behavioral Science, 50*(4), 445–462. http://jab.sagepub.com/content/50/4/445.full.pdf+html. Zugegriffen: 18. Nov. 2015.

© Springer Fachmedien Wiesbaden 2017

M. Brohm, *Werte, Sinn und Tugenden als Steuerungsgrößen in Organisationen,* essentials, DOI 10.1007/978-3-658-14939-0

Deci, E. L., & Ryan, R. (1993). Die Selbstbestimmungstheorie der Motivation und ihre Bedeutung für die Pädagogik. *Zeitschrift für Pädagogik, 93*(2), 223–239. https://selfdeterminationtheory.org/SDT/documents/1993_DeciRyan_DieSelbstbestimmungstheoriederMotivation-German.pdf. Zugegriffen: 19. Nov. 2015.

Deutsches Wörterbuch von Jacob und Wilhelm Grimm. 16 Bde. in 32 Teilbänden. Leipzig 1854–1961. Quellenverzeichnis Leipzig 1971. http://woerterbuchnetz.de/DWB/?sigle=DWB&mode=Vernetzung&lemid=GT14229#XGT14229. Zugegriffen: 12. März 2016.

Doppler, K., & Lauterburg, C. (2002). *Change management Den Unternehmenswandel gestalten.* Frankfurt a. M.: Campus.

Dutton, J. E., & Ragins, B. R. (2007). *Exploring positive relationships at work.* Mahwah: Erlbaum.

Emmott, S. (2015). *10 Milliarden.* Frankfurt a. M.: Suhrkamp.

Fick, A. (1868/1910). Vergleichendes Wörterbuch der indogermanischen Sprachen. Bände 1–2. Tugendhaft. https://books.google.de/books?id=HYYSAAAAYAAJ&printsec=frontcover&hl=de&source=gbs_ge_summary_r&cad=0#v=onepage&q&f=false. Zugegriffen: 30. Juli 2015.

Gerrig, R. J., & Zimbardo, P. G. (2008). *Psychologie.* München: Pearson.

Grant, A. (2016). *Den Freigeist wecken. Gehirn und Geist, 04*(2016), 34–38.

Heinrich, C. (2014). *Was gibt dem Leben Sinn? Geo Wissen 04/2014.* Hamburg: Gruner und Jahr.

Kurtz, P. (2011). Leitsätze und Prinzipien des Humanismus Free Inquiry. Nachdruck und Übersetzung in: diesseits.de. Das humanistische Magazin, 15. April 2011, Übersetzt von Hannah Lamprecht und Ulrich Tünsmeyer. http://www.diesseits.de/perspektiven/leits%C3%A4tze-prinzipien-humanismus. Zugegriffen: 24. März 2016.

Lies, J. (o. J.). Springer Gabler (Herausgeber), Gabler Wirtschaftslexikon. Unternehmenskultur. http://wirtschaftslexikon.gabler.de/Archiv/55073/unternehmenskultur-v7.html. Zugegriffen: 12. März 2016.

Maslow, A. (1954/2014). *Motivation und Persönlichkeit* (18. Aufl.). Hamburg: rororo.

Nink, M. (2014). *Engagement Index. Die neuesten Daten und Erkenntnisse aus 13 Jahren Gallup-Studie.* München: Redline.

Peterson, C., & Seligman, M. E. P. (2004). *Character strengths and virtues. A classification and handbook.* New York: Oxford University Press.

Ruch, W., Proyer, R. T., Harzer, C., Park, N., Peterson, C., & Seligman, M. E. (2010). Values in action inventory of strengths (VIA-IS). Adaptation and validation of the German version and the development of a peer-rating form. *Journal of Individual Differences, 31*(3), 138–149.

Schein, E. H. (2010). Organisationskultur. The Ed Schein corporate culture survival guide. Bergisch Gladbach: Edition Humanistischer Psychologie. Edition Kindl (o. S.). http://citeseerx.ist.psu.edu/viewdoc/download?doi=10.1.1.465.7545&rep=rep1&type=pdf. Zugegriffen: 18. Nov. 2015.

Schnell, T. (2008). Deutsche in der Sinnkrise? Ein Einblick in die Sinnforschung mit Daten einer repräsentativen Stichprobe. In J. Belzen, C. Dege, & M. Dege (Hrsg.), *Journal für Psychologie*, Jg. 16(2008), Ausg. 3. Amsterdam: Pabst.

Seliger, R. (2014). *Positive Leadership. Die Revolution in der Führung.* Stuttgart: Schäffer-Poeschel.

Seligman, M. E. P. (2012). *Flourish – Wie Menschen aufblühen. Die Positive Psychologie des gelingenden Lebens*. München: Kösel.

Süddeutscher Verlag: Unternehmensleitbild. (o. J.). http://www.sueddeutscher-verlag.de/info/facts/portrait. Zugegriffen: 18. März 2016.

Twardella, J. (2008). *Pädagogischer Pessimismus. Eine Fallstudie zu einem Syndrom der Unterrichtskultur an deutschen Schulen*. Frankfurt a. M.: Humanities Online.

Ulich, K. (2001). *Einführung in die Sozialpsychologie der Schule*. Weinheim: Beltz.

Universität Zürich. (2015). *VIA-IS. Informationen zur Interpretation Ihrer Ergebnisse*. http://www.charakterstaerken.org/VIA_Interpretationshilfe.pdf. Zugegriffen : 19. Nov. 2015.

Verlag Axel Springer, Führungsleitbild. (o. J.). http://www.axelspringer.de/artikel/Die-Fuehrungsgrundsaetze-der-Axel-Springer-SE_216633.html. Zugegriffen: 18. März 2016.

Zwenger, T. (2003). Tugend. In W. D. Rehfus (Hrsg.), *Handwörterbuch Philosophie* (S. 653). Göttingen: Vandenhoeck & Ruprecht, Stuttgart: UTB. Sowie: http://www.philosophie-woerterbuch.de/online-woerterbuch/?tx_gbwbphilosophie_main%5Bentry%5D=905&tx_gbwbphilosophie_main%5Baction%5D=show&tx_gbwbphilosophie_main%5Bcontroller%5D=Lexicon&cHash=2e027c04ad146e0cda79b8e0a8f7e949. Zugegriffen: 18. März 2016.

Lesen Sie hier weiter

Michaela Brohm

Positive Psychologie in Bildungseinrichtungen

Konzepte und Strategien
für Fach- und Führungskräfte

Michaela Brohm

**Positive Psychologie
in Bildungseinrichtungen**

Konzepte und Strategien
für Fach- und Führungskräfte

1. Auflage 2016, VII, 52 S., 10 Abb.
Softcover € 9,99
ISBN 978-3-658-13048-0

Änderungen vorbehalten.
Erhältlich im Buchhandel oder beim Verlag.

Einfach portofrei bestellen:
leserservice@springer.com
tel +49 (0)6221 345-4301
springer.com